A Arte da Paz

Tradução
Ivo Korytowski

KESHAVAN NAIR

A Arte da Paz

LIÇÕES DE MAHATMA GANDHI
PARA A SUA EMPRESA

EDITORA
CAMPUS

Do original
A Higher Standard of Leadership
Tradução autorizada da edição publicada por Berrett-Koehler Publishers

Editoração Eletrônica
DTPhoenix Editorial

Revisão Gráfica
Ivone Teixeira

Projeto Gráfico
Editora Campus Ltda.
A Qualidade da Informação
Rua Sete de Setembro, 111 - 16º andar
20050-002 Rio de Janeiro RJ Brasil
Telefone: (21) 509-5340 Fax (21) 507-1991
E-mail: info@campus.com.br
ISBN 85-352-0695-7
(Edição original: ISBN 1-881052-58-3)

CIP-Brasil. Catalogação-na-fonte.
Sindicato Nacional dos Editores de Livros, RJ

N149a Nair, Keshavan, 1932-
A arte da paz: lições de Mahatma Gandhi para a sua empresa / Keshavan Nair; tradução de Ivo Korytowski. — Rio de Janeiro: Campus, 2000.

Tradução de: A higher standard of leadership
Inclui bibliografia
ISBN: 85-352-0695-7

1. Liderança — Aspectos morais e éticos. 2. Gandhi, Mahatma, 1869-1948. I.Título.

CDD - 303.34
00-1320 CDU - 316.46

---

00 01 02 03 5 4 3 2 1

Para
Parvathi Bai Nair
Leila Ramakumar
Robba Benjamin

Líderes com padrões mais elevados

Para
Parvathi Bai Nair
Leila Ramakumar
Robba Benjamin

Líderes com padrões mais elevados

AGRADECIMENTOS

Kathryn Hall encorajou este projeto desde o começo e ajudou a despertar a atenção do editor, Steven Piersanti, para o livro. Steven e a equipe da Berrett-Koehler Publishers concederam generoso apoio durante a redação e a publicação deste livro. Ellen Carr digitou várias versões do original e sua dedicação em relação ao trabalho sempre me serviu de exemplo. Fui afortunado por ter Elaine de Man como revisora; suas exigências de clareza e de economia de palavras melhoraram substancialmente o livro. Quaisquer deficiências nessas áreas devem-se unicamente a mim. Finalmente, tudo que faço é melhor porque conheço Robba Benjamim. A todas essas pessoas gostaria de expressar meus agradecimentos.

Sumário

PREFÁCIO

Como a maioria dos indianos de minha geração, sei exatamente onde estava e o que fazia quando Gandhi foi assassinado na noite de 30 de janeiro de 1948. Eu saíra para patinar em um rinque situado em um parque a dez minutos de caminhada de nossa casa em Patiala, uma cidade no Punjab. Estava escuro, eu retornava para casa e duas pessoas passaram por mim de bicicleta. Uma delas disse para a outra: "O velho morreu." Naquele momento, eu não sabia sobre quem estavam falando. Ao chegar em casa, cinco minutos depois, o rádio estava ligado e todos estavam em lágrimas. Quando atravessei a porta, alguém comentou: "Gandhiji foi assassinado."

Eu tinha quinze anos quando Gandhi foi assassinado. Era uma figura venerada em nossa casa, embora não exercesse nenhum apelo especial sobre mim. Sua ênfase na renúncia, e a ênfase posta em sua santidade, estavam fora do sistema de referência de um menino mandado a um grande colégio no estilo inglês e cujos principais interesses eram o críquete, o cinema e as atividades escolares. Dentre todos os líderes nacionais, sempre me fora mais fácil identificar-me com Jawaharlal Nehru — educado em Harrow e Cambridge, cortês e sofisticado —, que mais tarde tornou-se o primeiro a ocupar o cargo de primeiro-ministro indiano.

Mantive-me assim até os dezenove anos, quando adoeci e fiquei dois anos de cama, com bastante tempo para as leituras. Ao ler a autobiografia de Nehru, soube de sua admiração pelo compromisso de Gandhi com seus ideais, bem como da força e coragem de Gandhi. Escreveu Nehru: "Apesar de seu aspecto pouco impressionante, seu corpo coberto apenas por um pano em volta dos quadris, exalava uma realeza que compelia os outros a uma obediência voluntária."[1]

Na precipitação de minha juventude, a avaliação de Gandhi fora no mínimo superficial. Dei início a um programa de leituras e estudos e vim a perceber que Gandhi não fora um santo. Torná-lo um santo era desservi-lo: tornava fácil demais categorizar sua vida e suas idéias como pouco práticas — exatamente o que eu fizera. Comecei a entender a natureza heróica de Gandhi em sua disposição de abordar as questões fundamentais e, depois, tentar de todo seu ser viver conforme as respostas encontradas. Desenvolvi um apreço por sua coragem pessoal, por sua fé na natureza humana e por seu espírito de servir. Percebi que havia uma majestade em Gandhi advinda de sua força interior. Convenci-me de que, entre os líderes que se engajaram em atividades sociais e políticas de alguma importância, Gandhi assomava sozinho como representante do que há de melhor no espírito humano. Foi um homem de ação que dedicou a vida ao serviço no contexto da reforma política e social, sempre lutando — embora nem sempre com sucesso — para pôr em prática seus ideais de verdade e não-violência.

Com o entusiasmo de um converso, decidi fazer o possível para incorporar alguns aspectos simbólicos dos ensinamentos de Gandhi à minha vida. Comecei a fiar e troquei várias pequenas comodidades, sedas e gabardinas por roupas fiadas e tecidas à mão, práticas que cultivei até mudar-me para os Estados Unidos, em 1959.

Nos últimos 35 anos, tenho me dedicado a estudos avançados, ao progresso profissional e à aquisição dos bens materiais que tornam a vida confortável e agradável. Minhas atividades gerenciais e consultivas têm incluído serviços para empresas emergentes, pequenas empresas estabelecidas e corporações da lista das cem mais bem-sucedidas da revista *Fortune*. Atuei como principal pesquisador e gerente de projeto em grandes equipes multidisciplinares e como executivo operacional sênior e diretor de uma grande empresa de consultoria. Assessorei altos executivos sobre questões de liderança relacionadas a estratégia e implementação e experimentei e observei desafios e atividades de liderança em uma ampla variedade de contextos.

Em todas as minhas atividades profissionais, o exemplo da liderança de Gandhi sempre esteve no plano de fundo. Como em 1994 comemorou-se o 125º aniversário do nascimento de Gandhi, é um momento apropriado para situar certos aspectos de sua liderança no contexto dos atuais conceitos e tarefas de liderança, particularmente em face à visão que parece amplamente difundida de que nossas lideranças, sobretudo nos negócios e na política, perderam o idealismo e o senso de propósito moral.

Este não é um livro sobre Gandhi. O que tentei fazer foi desenvolver um modelo de liderança em que as lições extraídas da vida de Gandhi possam ser utilizadas para trazer a dimensão moral e espiritual à liderança e nos conduzir para um padrão mais elevado.

Selecionar exemplos da vida de Gandhi para ilustrar os conceitos de liderança foi um desafio — havia tantos entre os quais escolher. Escolhi os que senti que poderia explicar facilmente ao leitor atual. Existem outros exemplos mais poderosos, mas exigiriam explicações circunstanciadas das condições e dos meios de vida indianos, dificultando a leitura do livro sem contribuir significativamente para a mensagem.

As qualidades exemplificadas por Gandhi, como a responsabilidade pessoal, a verdade, o amor, o respeito pelo indivíduo e a coragem, são amplamente aplicáveis em nosso trabalho e em nossas vidas sociais. Este livro defende um conceito de liderança heróico em seu compromisso com os princípios morais e o serviço, não uma liderança movida pelo poder e pelo domínio das forças da violência. É esse tipo de liderança heróica que temos de apresentar aos nossos jovens — liderança capaz de alimentar os ideais em todos nós, de trazer à tona o que há de melhor em nós e de levar-nos a uma melhor qualidade de vida.

Todos nós exercemos papéis de liderança, de presidentes e principais executivos a pais, avós e professores que têm a oportunidade e a obrigação de influenciar os jovens do mundo. Aqueles de nós fora do poder temos a responsabilidade de elevar nossos padrões, de modo que nossos líderes terão que nos imitar.

Dado que acredito competir a cada um de nós elevar o padrão de liderança, a ênfase neste livro recai sobre a responsabilidade individual. É no nível individual que devemos nos comprometer com ações e serviço de princípios. Não julgo necessário seguir ou focalizar o estilo de vida ascético de Gandhi para beneficiar-se de seu exemplo. Aprecio o mundo material. Contudo, devido ao meu apreço por Gandhi, percebo que meus padrões de conduta na vida profissional e social são mais elevados. Espero que meus contatos com os outros reflitam esse fato. Talvez este seja o legado de qualquer indivíduo, grande ou comum: exercer uma influência positiva sobre a vida dos outros.

KESHAVAN NAIR
San Francisco, Califórnia
Agosto de 1994

INTRODUÇÃO: O DESAFIO DE UM PADRÃO MAIS ELEVADO

O padrão de liderança depende não apenas das qualidades e crenças de nossos líderes, mas também de nossas expectativas em relação a eles.

Atualmente, muitas pessoas acreditam que não é possível ser bem-sucedido no mundo dos negócios e da política e, ao mesmo tempo, preservar a própria integridade — integridade definida não pela ausência de corrupção financeira, mas pela adesão a princípios morais em todas as atividades. Muitas pessoas também passaram a acreditar que um importante propósito da liderança é adquirir poder e privilégios. E muitas acreditam que as decisões políticas e empresariais práticas seriam menos eficazes se as questões morais fossem seriamente levadas em conta.

O padrão de liderança depende não apenas das qualidades e crenças de nossos líderes, mas também de nossas expectativas em relação a eles. À medida que acreditarmos que nossos líderes carecem de integridade, nossas expectativas provavelmente se espelharão em sua conduta. Portanto, cabe a cada um de nós melhorar o próprio padrão de

Na apresentação de um caminho para um padrão de liderança mais elevado, não existe melhor modelo do que Mohandas Karamchand Gandhi.

liderança e, assim, elevar nossas expectativas em relação aos que nos liderariam.

Na apresentação de um caminho para um padrão de liderança mais elevado, não existe melhor modelo do que Mohandas Karamchand Gandhi. Gandhi dedicou mais de cinqüenta anos à vida pública e é melhor conhecido por liderar centenas de milhões de pessoas contra um dos maiores impérios na história mundial. Ao contrário de outros líderes políticos e comandantes militares de sua época — homens como Hitler, Mussolini, Stalin, Churchill, Roosevelt, de Gaulle, Eisenhower, Montgomery, Patton e MacArthur —, Gandhi não envergou nenhum uniforme resplandecente, não comandou nenhum exército e não ocupou nenhum cargo governamental. Pelo contrário, pregou e — de forma ainda mais importante — viveu o evangelho da verdade e da não-violência e demonstrou através de sua vida de serviço a unidade fundamental de toda a humanidade. Lembrou ao mundo que o espírito humano é invencível e que a coragem e o amor são mais poderosos do que a força. O mundo reconheceu sua posição especial com o hasteamento da bandeira das Nações Unidas a meio-pau quando foi assassinado. Trata-se do único indivíduo sem conexão com qualquer governo ou organização internacional a receber essa homenagem.

Gandhi tinha muitas das qualidades que associamos aos líderes bem-sucedidos. Além de coragem e determinação, conseguia manter um alto nível de energia por períodos prolongados, era decisivo, possuía grandes habilidades interpessoais, era ponderado mas voltado para a ação e prestava grande atenção aos detalhes da implementação.

A vida de Gandhi não foi governada por políticas; ela foi governada por princípios e valores. Os melhores líderes políticos têm seus países como fonte de paixão. Os líderes empresariais têm como paixão a organização, quer através dos clientes, dos produtos ou da tecnologia. A vida de Gandhi norteou-se por sua religião: verdade, não-violência e uma vida de servir aos outros. Quando um jornalista pediu-lhe uma mensagem para os Estados Unidos, especialmente para os negros, Gandhi respondeu: "Minha vida é sua própria mensagem."[2]

A vida de Gandhi não foi governada por políticas; ela foi governada por princípios e valores.

Quem assistiu ao filme *Gandhi* conhece seu trabalho na arena política — a luta contra a discriminação dos indianos na África do Sul e, mais tarde, o movimento pela independência da Índia do domínio britânico. Mas o pleno alcance das atividades de Gandhi transcende o que qualquer líder na vida pública jamais tentou. (O final do livro traz uma lista de leituras sugeridas para quem quiser desenvolver uma compreensão maior da extensão de seus pensamentos e suas ações.)

Na área da reforma social, o principal foco de Gandhi foi sobre a abolição da intocabilidade, um componente integrante do hinduísmo, a religião predominante na Índia. No decorrer dos séculos, o hinduísmo desenvolveu um sistema de castas hierárquico e hereditário. Muitos hinduístas acreditavam — e alguns ainda acreditam — que, se um indiví-

Gandhi acreditava que todas as religiões eram manifestações da Verdade e que pessoas de diferentes credos deveriam e poderiam viver em paz e harmonia.

duo de uma casta inferior os tocasse, eles se tornariam "impuros". Os indivíduos do grupo inferior desse sistema eram denominados "intocáveis".

Os intocáveis eram em número de dezenas de milhões — cerca de um quinto da população da Índia. Eram forçados a viver em áreas separadas e não podiam usar as mesmas áreas públicas, inclusive os templos, que os demais hindus usavam. O componente mais perverso dessa discriminação era o fato de os intocáveis acreditarem que esse tratamento terrível era sancionado pela própria religião.

Gandhi despendeu grande parte da vida tentando abolir a intocabilidade. Ele cunhou o termo *harijan* (filho de Deus) para ser usado em lugar de "intocável". Ele lutou para tornar os intocáveis iguais aos outros sob o guarda-chuva do hinduísmo e sofreu a resistência não apenas dos hinduístas conservadores, como também de alguns intocáveis, que queriam desligar-se do hinduísmo para alcançar a paridade política e acelerar a reforma.

Na arena da reforma econômica, o principal foco de Gandhi foi sobre a melhoria das condições de vida dos habitantes das aldeias, que constituíam a maioria dos indianos e eram paupérrimos. Ele desenvolveu programas para levar a educação, o saneamento e a saúde pública às aldeias. Ao mesmo tempo, queria que os aldeões ajudassem a si mesmos desenvolvendo indústrias locais. Gandhi concentrou-se na fiação e na tecelagem. Argumentou que se os habitantes das aldeias fizessem fios que pudessem ser urdidos em tecidos no nível local, teriam uma fonte de renda para complementar a renda familiar obtida no trabalho em tempo parcial no campo. Gandhi também conclamou o resto da Índia a apoiar a causa dos aldeões, usando apenas tecidos urdidos e fiados à mão. Para mostrar sua solidariedade com esses aldeões, Gandhi teceu todos os dias de sua vida e só usava tecidos urdidos e fiados à mão.

Gandhi acreditava na igualdade de todas as formas de trabalho. Ele desenvolveu e participou do movimento sindical e jamais solicitou a nenhum de seus seguidores que realizasse algum trabalho que ele próprio não realizaria.

Gandhi acreditava que todas as religiões eram manifestações da Verdade e que pessoas de diferentes credos deveriam e poderiam viver em paz e harmonia. Dedicou grande parte da vida à eliminação da violência e à promoção do respeito mútuo e da tolerância entre hinduístas e muçulmanos. Queria preservar uma Índia unificada em que hinduístas e muçulmanos pudessem viver em paz após a independência — evitando assim a criação do Paquistão. Nesse intento não teve sucesso.

No nível pessoal, Gandhi despendeu grande parte da vida em um *ashram*, cuja melhor descrição é uma comunidade espiritual. Todos os habitantes do *ashram* tinham que viver em pobreza voluntária, rejeitar a intocabilidade, comprometer-se com a verdade e a não-violência e aceitar a mesma responsabilidade dos outros pelos trabalhos

As lições da vida de Gandhi desafiam as nossas crenças sobre os padrões de liderança — crenças que muitos de nós passamos a aceitar como necessárias para o sucesso.

> Gandhi acreditava em um único padrão de conduta na vida pública e privada — um padrão fundamentado na integridade derivada dos valores absolutos da verdade e não-violência.

necessários à auto-suficiência do *ashram*. No *ashram*, Gandhi tinha colegas que compartilhavam de seu compromisso com os valores espirituais, além de obter seu apoio e de renovar a si mesmo a partir do contato com eles.

As lições da vida de Gandhi desafiam as nossas crenças sobre os padrões de liderança — crenças que muitos de nós passamos a aceitar como necessárias para o sucesso. Enquanto a maioria dos líderes identifica-se com símbolos do poder para elevar-se acima do povo que lideram, Gandhi simbolizou o povo que tentava servir. Ele tentou ser como o povo, vestindo um simples pano em volta dos quadris e comprometendo-se com a pobreza voluntária. Ele simbolizou o serviço, em vez do poder.

Gandhi acreditava em um único padrão de conduta na vida pública e privada — um padrão fundamentado na integridade derivada dos valores absolutos da verdade e não-violência. Acreditava que os indivíduos devem ter ideais e tentar viver de acordo com eles, e demonstrou que um idealista poderia ser prático e eficaz. Sua pretensão, porém, dirigia-se à integridade, não à infalibilidade. Cometeu sua cota de erros, mas não temia reconhecê-los. Não se esforçou pela coerência, exceto na busca da verdade.

Como todas as políticas, estratégias e leis exercem, em última análise, um impacto sobre as pessoas ou o meio ambiente, Gandhi acreditava que princípios morais tinham de ser incluídos na fixação de metas, na seleção de estratégias e na tomada de decisões.

Ele lutou pelo aperfeiçoamento de todas as pessoas, de modo a se libertarem do medo e da exploração.

Algumas das idéias de Gandhi podem parecer irrelevantes hoje em dia — aplicáveis apenas em sua época e local. Mas quanto aos valores fundamentais da verdade, da não-violência e do serviço, ele tinha uma mensagem para todas as eras. Pediu-nos que rejeitássemos não apenas a violência física, mas também a violência do espírito. Torna-se cada dia mais evidente que, se não abraçarmos seu ideal de não-violência, as sociedades em todo o mundo se deteriorarão até a vida tornar-se intolerável.

Atualmente, falamos em controlar a violência física com mais violência e em controlar a violência espiritual com leis. Talvez isso seja necessário. Mas acredito que a única solução a longo prazo é colocar diante de nós, especialmente dos jovens, o ideal da não-violência — não a não-violência do covarde, mas a não-violência do bravo. Necessitamos de um novo ideal heróico: o indivíduo corajoso, verdadeiro e não-violento que esteja a serviço da humanidade, que resista à injustiça e exploração e que lidere apelando para nossos ideais e nosso espírito. Tal ideal heróico está personificado em Gandhi.

A vida de Gandhi mostra o caminho de um padrão de liderança mais elevado em que a integridade baseada em um único padrão de conduta é central, um espírito de serviço é imperativo e as decisões e ações são determinadas por princípios morais.

Quanto aos valores fundamentais da verdade, da não-violência e do serviço, ele tinha uma mensagem para todas as eras. Pediu-nos que rejeitássemos não apenas a violência física, mas também a violência do espírito.

Necessitamos de um novo ideal heróico: o indivíduo corajoso, verdadeiro e não-violento que esteja a serviço da humanidade, que resista à injustiça e exploração e que lidere apelando para nossos ideais e nosso espírito. Tal ideal heróico está personificado em Gandhi.

As lições da vida de Gandhi desafiam-nos como indivíduos a realizar nossa parte em promover um padrão mais elevado e viver à altura dele. Caso esteja se preparando para a liderança, este livro poderá ajudá-lo a estabelecer ideais, mostrar-lhe como progredir em direção a eles e, assim, colocá-lo no caminho. Caso já ocupe uma posição de liderança com poder e privilégios, este livro o desafiará a examinar sua conduta e fixar para si um padrão mais elevado.

PARTE 1

Um Padrão Único de Conduta

Comprometa-se com Valores Absolutos
Comprometa-se a Reduzir os Apegos
Comprometa-se a Minimizar o Sigilo
Comprometa-se a Treinar Sua Consciência
Comprometa-se com a Jornada
UM PADRÃO ÚNICO DE CONDUTA
A QUALIDADE ESSENCIAL: CORAGEM

Fomos levados a acreditar que existe um padrão para a moralidade e a conduta privadas e outro para a moralidade e a conduta públicas. Passamos a aceitar a necessidade de um padrão moral inferior para fazer as coisas funcionarem no mundo real da política e dos negócios. Eis o evangelho da conveniência: o duplo padrão de conduta. Ele é alimentado pela idéia de vencer a qualquer preço: os resultados são as únicas coisas que contam.

Os indícios de que muitos adotam um duplo padrão estão por toda a parte. Os políticos pedem que os julguemos por suas realizações legislativas, e não pela conduta pessoal. Ativistas sociais que acenam com a elevada base moral em suas filosofias pessoais recorrem à violência para obter resultados. Executivos de empresas não querem que suas condutas sejam examinadas, pedindo-nos que focalizemos exclusivamente os resultados financeiros. E muitos jornalistas que alegam um empenho pessoal para com a verdade sucumbem à tentação de ser os primeiros a dar a notícia e, em vez de esperar pela história inteira, publicam meias verdades.

Quando o exemplo parte da liderança, o duplo padrão permeia a organização. Nos negócios, novos funcionários atrás de sucesso rápido compreendem as regras do jogo e muitos abandonam seus ideais para alcançar o sucesso. A maioria de nós esteve em reuniões onde viu alguém assumir a autoria de um trabalho que não realizou. Observamos indivíduos deliberadamente

Passamos a aceitar a necessidade de um padrão moral inferior para fazer as coisas funcionarem no mundo real da política e dos negócios. Eis o evangelho da conveniência: o duplo padrão de conduta.

A realidade é que perdemos o respeito por nossos líderes quando não aprovamos suas condutas — públicas ou privadas. Líderes que não despertam nosso respeito reduzem a legitimidade de sua liderança e perdem nossa confiança.

reter dados e recursos para reduzir as chances de sucesso dos colegas. Essa aceitação de um padrão inferior também é predominante fora da arena empresarial e política — do consultor ou advogado que adiciona algumas horas extras ao mandar a conta para o cliente, passando pelo mecânico de automóvel que inventa defeitos inexistentes, a indivíduos que inflacionam os valores nos pedidos de indenização de seguros.

Ser um adulto — um avô ou um pai — é, de várias formas, estar na linha de frente da liderança. Muitos anos atrás, estava sentado a uma mesa de restaurante ao lado de um casal com a filha pré-adolescente. Ao chegar o recibo do cartão de crédito, o pai escreveu algo no verso. A filha apanhou-o, examinou-o e exclamou um pouco alto: "Mas ele não jantou conosco!" Os pais fitaram um ao outro em silêncio. Aqui o duplo padrão de conduta foi trazido à baila no nível mais fundamental: em uma família, por uma criança. Os pais, sem pensar no exemplo que estavam dando, haviam demonstrado ser apropriado mentir sob certas circunstâncias, e a criança fora apresentada ao duplo padrão. Dar o exemplo é central ao papel de liderança.

Em defesa do duplo padrão, muitas pessoas apontam os fatos de que muitos indivíduos com moralidade privada questionável desempenham extraordinários serviços públicos e de que muitos indivíduos com conduta pública suspeita são bons pais de família e amigos. Mas a realidade é que perdemos o respeito por nossos líderes quando não aprovamos suas condutas — públicas ou privadas. Líderes que não despertam nosso respeito reduzem a legitimidade de sua liderança e perdem nossa confiança. Líderes que não gozam de confiança têm dificuldade em desafiar os outros para a grandeza. Além de tornar a liderança menos eficaz, isso leva a um declínio geral nas esperanças da sociedade. Sentimo-nos indefesos e tornamo-nos céticos por não conseguirmos confiar em nossos líderes. Nossa alma se deteriora.

Na história da liderança pública, jamais houve um indivíduo tão comprometido com um único padrão de conduta na vida privada e pública como Gandhi. Ele acreditava que os líderes têm a responsabilidade de dar um exemplo de conduta e agia com base nessa crença. Gandhi rejeitava a divisão em compartimentos. Sua vida política não diferia da vida pessoal e ambas se baseavam em sua religião. Dizia ele: "Vocês devem observar minha vida: como vivo, como, sento-me, converso, comporto-me em geral. A soma total de tudo isso em mim é minha religião."[3]

Para aumentar a legitimidade e o respeito pela liderança e pelo sistema em que vivemos, temos que reconhecer o ideal de Gandhi de um padrão único — um único padrão de conduta na vida pública e privada. Isso não é um apelo à perfeição; é algo em relação ao qual avaliar nossas ações — algo pelo qual nos esforçarmos e para nos ajudar a controlar nossas imperfeições.

Para aumentar a legitimidade e o respeito pela liderança e pelo sistema em que vivemos, temos que reconhecer o ideal de Gandhi de um padrão único — um único padrão de conduta na vida pública e privada.

> *Quando perdemos os ideais, falta-nos profundidade como indivíduos, paramos de pensar e de lutar para melhorar e, ainda mais grave, perdemos a afinidade com os outros.*

Debates de teorias econômicas e empresariais, como livres mercados, o papel do governo, a maximização dos lucros e estratégias competitivas, não têm impacto sobre a natureza da liderança ou da sociedade. Mas nossa adesão ao ideal de um único padrão, sim. Os ideais são alimento para a alma. Quando perdemos os ideais, falta-nos profundidade como indivíduos, paramos de pensar e de lutar para melhorar e, ainda mais grave, perdemos a afinidade com os outros. É essa perda de afinidade que alimenta a violência espiritual e física em torno de nós. Para criar uma sociedade harmoniosa, o progresso econômico deve estar cercado por um compromisso com ideais. Parafraseando o que se disse dois mil anos atrás: "O que uma nação ganhará com o progresso econômico se perder sua alma?"

Não basta exortar as pessoas a viverem dentro de um único padrão; temos que torná-lo possível. Precisamos de diretrizes que os indivíduos em todos os segmentos de nossa sociedade — dos líderes potenciais em nossas escolas secundárias e universidades aos pais e professores, dos líderes de nossas comunidades aos líderes nacionais e internacionais — possam entender e procurar seguir. Precisamos pôr diante de nós um processo para lutarmos por um único padrão. Cada indivíduo verá seu próprio caminho dentro desse processo.

Lutar por um ideal exige compromisso. O mesmo acontece quando se tenta alcançar a excelência em qualquer campo de atividade — do esporte à ciência, da música à matemática. Existem, porém, duas grandes diferenças. Lutar por um ideal com respeito à conduta individual é mais difícil por englobar tudo que fazemos. Por outro lado, cada um de nós tem o potencial de alcançar a excelência — podemos todos pensar em nós mesmos como dotados desse talento.

Lutar por um ideal com respeito à conduta individual é mais difícil por englobar tudo que fazemos. Por outro lado, cada um de nós tem o potencial de alcançar a excelência — podemos todos pensar em nós mesmos como dotados desse talento.

Após examinar o legado de Gandhi, identifiquei cinco compromissos básicos que levam a um padrão de liderança mais elevado:

- Desenvolva uma base para o padrão único: comprometa-se com valores absolutos.
- Reconheça o ideal: comprometa-se com a jornada.
- Desenvolva o guia que o manterá na jornada: comprometa-se a treinar sua consciência.
- Reduza as forças que o desencaminham: comprometa-se a reduzir os apegos.
- Esteja disposto a submeter-se ao escrutínio: comprometa-se a minimizar o sigilo.

Acredito que o que torna a luta por um único padrão particularmente difícil em um contexto de liderança é o fato de muitas das sessões práticas se realizarem em público. Para usar uma analogia, tombos no gelo e notas erradas são vistos e ouvidas por todos. A coragem é a qualidade pessoal essencial para se manterem os cinco compromissos básicos; como exemplificada pela vida de Gandhi, é a coragem do espírito

Cada um de nós deve comprometer-se a viver segundo um único padrão de conduta — pois, se o fizermos, nossos líderes terão que nos imitar.

associada a uma vontade indomável. Cada um de nós deve comprometer-se a viver segundo um único padrão de conduta — pois, se o fizermos, nossos líderes terão que nos imitar.

1

Desenvolva uma Base para o Padrão Único

Comprometa-se com Valores Absolutos

> *Para crescermos como seres humanos, para guiarmos nossa conduta, nós também procuramos princípios universais: valores absolutos.*

Em todos os campos do esforço humano, procuramos princípios universais que tragam ordem ao caos. Na ciência, procuramos teorias e leis unificadoras; nos negócios, procuramos conceitos estratégicos que orientem a tomada de decisões. Para crescermos como seres humanos, para guiarmos nossa conduta, nós também procuramos princípios universais: valores absolutos.

Valores absolutos podem advir de uma perspectiva religiosa — uma tentativa de aproximar o indivíduo do divino — ou diretamente de códigos de conduta. Embora a base de Gandhi fosse indubitavelmente religiosa, ele abraçou a diretriz fundamental de toda religião e cultura: tratar os outros seres humanos como a nós mesmos. Valores absolutos são necessários em todos os campos, quer você seja estudante ou professor, pai ou filho, gerente ou funcionário, político ou eleitor. Os líderes, porém, têm a maior responsabilidade. Sem a bússola dos valores

Os líderes, porém, têm a maior responsabilidade. Sem a bússola dos valores absolutos, de que instrumento dispõem para guiar os outros?

absolutos, de que instrumento dispõem para guiar os outros?

Gandhi formulou dois valores absolutos: verdade e não-violência. Eles estavam interligados, ambos fins em si mesmos e meios para um fim — faces da mesma moeda.

A definição de verdade de Gandhi era ampla: "Deveria haver Verdade no pensamento, Verdade no discurso e Verdade na ação."[4] Quando a verdade controla a ação, alcançamos a congruência completa entre palavras e ações. Isso é *viver de maneira verdadeira* — pensar e agir com verdade.

Para Gandhi, Deus era verdade. Nesse sentido, Gandhi deu um significado religioso à expressão: "Conhecei a verdade e a verdade vos libertará." O nível de seu compromisso pessoal com a busca da verdade determinará seu compromisso com a verdade ao lidar com os outros. Essa é a base do conselho de Polônio a Laertes em *Hamlet*, de Shakespeare: "E isto acima de tudo: sê sincero contigo mesmo e disto se seguirá, como a noite segue o dia, que não poderás ser falso com quem quer que seja."*

A definição de não-violência de Gandhi também era ampla. Não era apenas uma rejeição da violência; era o amor positivo por toda a humanidade. "A não-violência traduzida como 'amor' é a lei suprema dos seres humanos", ele disse. "Ela não conhece exceção."[5] Para Gandhi, a violência englo-

* Valemo-nos aqui da tradução de Hamlet de F. Carlos de Almeida Cunha Medeiros e Oscar Mendes. (N.T.)

bava todas as formas de exploração, inclusive a discriminação e a pobreza. A não-violência demandava ação, exigindo um combate a todas as formas de exploração.

Pode haver outros valores absolutos e universais, mas meu ponto de vista é que devemos aceitar os valores da verdade e da não-violência e avançar para as tarefas práticas.

> Gandhi formulou dois valores absolutos: verdade e não-violência. Eles estavam interligados, ambos fins em si mesmos e meios para um fim — faces da mesma moeda.

Por que Verdade e Não-violência?

Uma vez tendo aceito a visão de Gandhi de que valores absolutos eram essenciais à condução dos assuntos práticos, procurei estabelecer o que significava viver com verdade em um contexto prático. Em nossas vidas pessoais, a verdade tem que ser praticada no contexto dos relacionamentos com outros indivíduos, como a família e os amigos. Relacionamentos semelhantes existem nos negócios com clientes, colegas, funcionários, acionistas e a sociedade. Tornou-se claro para mim que muito do que estamos tentando trazer para a liderança nos negócios, no governo e em nossas comunidades se enquadraria no conceito de viver com verdade.

Buscar a qualidade, bem como a publicidade, as vendas e o marketing honestos, é viver com verdade com respeito aos nossos clientes. Agir coerentemente com o próprio discurso é viver com verdade em relação aos funcionários e colegas. Fornecer ao público informações exatas dos riscos e da segurança, dos impactos ambientais e dos benefí-

> *Quando a verdade controla a ação, alcançamos a congruência completa entre palavras e ações. Isso é viver com verdade — pensar e agir com verdade.*

cios econômicos do produto é viver com verdade em relação à sociedade. Quando fazemos essas coisas movidos por um imperativo moral, viver com verdade tornase fundamental ao nosso modo de vida, e não abrimos mão disso devido a desvantagens a curto prazo — como um declínio nas vendas e no lucro.

A verdade é importante também por razões pragmáticas. Com a verdade como um valor absoluto, comprometemo-nos a ver as coisas como realmente são. Sem uma verdadeira compreensão da realidade, como podemos agir com qualquer garantia de sucesso? Admitir a realidade é difícil, especialmente quando exige uma mudança. Existe um interesse estabelecido no *status quo*. Quando os líderes estão comprometidos com uma linha de procedimento, é-lhes difícil aceitar a realidade de que podem estar errados. Os líderes norte-americanos não puderam admitir os erros no Vietnã depois que se comprometeram com uma estratégia de força militar. A IBM, a General Motors e muitas outras corporações tiveram que amargar perdas financeiras significativas antes de reconhecerem que as necessidades dos clientes haviam mudado e que a concorrência havia aumentado. Um compromisso com a verdade cria um imperativo moral que força a admitir os dados e a dar o importante primeiro passo de reconhecer a realidade.

O significado prático da não-violência tornou-se claro depois que entendi que a violência incluía a exploração. Proteger o meio ambiente, ajudar os menos favorecidos e acabar com todas as formas de discriminação enquadrava-se no conceito gandhista de não-violência. Porque precisamos de toda nossa força de trabalho e dos talentos de todos e porque precisamos deixar um meio ambiente habitável para o futuro, um compromisso com a não-violência tem aplicações práticas. A não-violência é o imperativo moral que nos faz trabalhar em prol da satisfação dessas necessidades.

> *A não-violência demanda ação, exigindo um combate a todas as formas de exploração.*

Valores Pseudo-absolutos

Precisamos estar prevenidos contra ideologias, tradições e objetivos organizacionais mascarados como valores absolutos. Esse valores pseudo-absolutos incluem o interesse nacional, o patriotismo, a lealdade ao grupo, o capitalismo, os livres mercados e a sobrevivência organizacional. Quando transformamos esses valores em absolutos, corremos o risco de sacrificar o fundamental no altar do vantajoso.

Sem o padrão de valores absolutos, valores pseudo-absolutos podem ser usados para justificar violência e atos repressivos. Quer se trate da violência das gangues de rua ou dos horrores perpetrados em nome da limpeza étnica, a causa é a mesma: a adesão a valores pseudo-absolutos.

A discriminação contra minorias raciais e religiosas e contra as mulheres tem sido permitida em todas as partes do mundo com base em valores pseudo-absolutos — dogmas religiosos, tradições, costumes sociais. Contudo, aplicando a disciplina da verdade e da não-violência, vemos a injustiça nessas tradições e nesses costumes. Vemos não ser apenas uma questão de direitos legais, mas de valores fundamentais.

A intocabilidade era, para a vasta maioria dos hindus, um aspecto essencial do hinduísmo. Mas Gandhi, reconhecendo os valores absolutos da verdade e da não-violência, não conseguiu conformar-se com essa prática, embora fosse um hinduísta devoto. Em um comício em Rangum em 1929, disse: "O hinduísmo terá que perecer ou a intocabilidade terá que ser totalmente extirpada."[6] Ele batalhou incansavelmente, sofrendo a oposição ferrenha de hinduístas tradicionalistas, pela abolição da intocabilidade.

Muito do que estamos tentando trazer para a liderança nos negócios, no governo e em nossas comunidades se enquadraria no conceito de viver com verdade.

Como a maioria das pessoas, admiro a lealdade e o engajamento a causas e líderes. Mas sabemos pelas lições amargas da história que a lealdade e o engajamento podem ser mal direcionados e degenerar em políticas de exclusivismo, discriminação e repressão. O *apartheid* na África do Sul e a perseguição aos judeus na Alemanha nazista são apenas dois exemplos do perigo da fidelidade a valores pseudo-absolutos.

Nos negócios, a lealdade à organização pode fazer os indivíduos apoiarem comportamentos questionáveis no tratamento dos funcionários, deixar passar defeitos nos produtos ou ignorar os impactos ambientais. A salvaguarda duradoura contra esse tipo de lealdade mal-direcionada é o compromisso com valores absolutos.

Necessidade de Operacionalizar

Valores Absolutos

Se indagados, alegaremos que endossamos a verdade e a não-violência. Entretanto, nossas ações, quer nos negócios, na política, na vida acadêmica ou familiar, raramente confirmam essa alegação, por não termos *operacionalizado* esses valores.

A operacionalização de valores transforma-os em ação. Ao estabelecer seu *ashram*, Gandhi operacionalizou os valores absolutos da verdade e da não-violência. A adesão à verdade, à não-violência e à auto-suficiência econômica eram os objetivos da comunidade. Dois dos princípios que governavam a vida no *ashram* eram o trabalho manual e a abolição da intocabilidade. Estes foram operacionalizados através da exigência de que cada indivíduo, inclusive Gandhi, participasse de todas as atividades necessárias ao funcionamento do *ashram*. Isso incluía limpar as latrinas — tradicionalmente o trabalho dos intocáveis.

Se não operacionalizarmos nossos ideais, eles geralmente não passarão de *slogans*. As empresas falaram sobre a qualidade dos produtos durante anos, mas somente quando a medição da qualidade foi integrada ao projeto e à implementação dos processos, melhorias na qualidade dos produtos foram alcançadas. A medição resultou na operacionalização das exigências da qualidade e tornou as pessoas responsáveis. Similarmente, ao operacionalizarmos nossos valores, assumimos a responsabilidade pessoal e mostramo-nos dispostos a responder por nossos atos.

> A verdade e a não-violência são valores práticos — podemos usá-las como guias em nosso trabalho e em nossas vidas pessoais.

A verdade e a não-violência são valores práticos — podemos usá-las como guias em nosso trabalho e em nossas vidas pessoais. O compromisso total é o ideal, mas qualquer aumento em nosso nível de compromisso terá um impacto positivo significativo sobre a qualidade da liderança. A mensagem de Gandhi é que temos de lutar pelo ideal; saber que não conseguiremos atingir a perfeição não serve de desculpa para não assumirmos um compromisso.

Temos de lutar pelo ideal; saber que não conseguiremos atingir a perfeição não serve de desculpa para não assumirmos um compromisso.

2

Reconheça o Ideal

Comprometa-se com a Jornada

> *Fazer o que acreditamos ser correto é o que nos mantém no caminho rumo ao ideal.*

A adesão total à verdade e à não-violência é o ideal. Para nos aproximarmos mais do ideal, temos que traduzir nossas crenças em ações. Fazer o que acreditamos ser correto é o que nos mantém no caminho rumo ao ideal. Isso é simples enquanto conceito, mas muito difícil de implementar. É fácil acreditar em algo intelectualmente, mas viver segundo as crenças supõe um compromisso — e é isso que permanecer no rumo exige.

Em 1904, aos 35 anos, Gandhi vivia na África do Sul e publicava o *Indian Opinion*. Ele já havia simplificado sua vida em uma extensão significativa, mas então leu um livro que transformou sua vida: *Unto this last*, de John Ruskin (Londres: J. M. Dent, 1901).

Gandhi extraiu três princípios do livro de Ruskin: primeiro, que o bem do indivíduo está contido no bem comum; segundo, que todo trabalho tem o mesmo valor; e terceiro, que a vida de trabalho é a que vale a pena ser vivida. "Levantei-me de madruga-

O objetivo é tentar realizar tudo amanhã um pouco melhor do que hoje. A melhoria contínua é o caminho para um padrão de liderança mais elevado.

da", disse Gandhi, "pronto para reduzir esses princípios à prática."[7]

Gandhi leu Ruskin em outubro; em dezembro, transferira a publicação de *Indian Opinion* para uma fazenda. O trabalho de publicação do jornal era realizado depois de completadas as tarefas da fazenda. Todos os moradores da fazenda tinham que realizar trabalhos manuais e todos recebiam a mesma remuneração. Gandhi reconheceu o ideal, tomou a decisão de comprometer-se com a jornada e traduziu seu compromisso em ação.

Avaliação de Nossas Ações

Para seguir o caminho, temos que avaliar todas as nossas ações em termos de valores absolutos da verdade e da não-violência e aumentar o número de ações que seguem esses valores. O objetivo é tentar realizar tudo amanhã um pouco melhor do que hoje. A melhoria contínua é o caminho para um padrão de liderança mais elevado.

Nos círculos empresariais, a melhoria contínua já é aplicada a áreas funcionais como produção, marketing e finanças. Se quisermos nos manter no caminho para um padrão de liderança mais elevado, teremos que expandir a aplicação da melhoria contínua de modo a incluir a conduta moral.

A jornada em direção a um ideal nunca se encerra; há sempre espaço para melhorias. Quando o ideal parece distante, você não deve desanimar. Pense na distância como uma medida do seu potencial, não de suas imperfeições. À medida que você adquire poder e prestígio, manter-se no caminho torna-se mais difícil, o impacto de suas ações aumenta e fica mais difícil resistir às tentações do poder e dos privilégios. Nesse caso, talvez você tenha que aumentar seu compromisso.

Mesmo depois de atingir a posição de um líder mundial, Gandhi não esmoreceu na luta por seu ideal. Seu secretário Pyarelal descreveu o ritual diário cumprido por Gandhi ao 77 anos.

> Diariamente ele presidia um tribunal silencioso dentro de si e prestava contas do mais ínfimo de seus pequenos atos. Nada escapava-lhe ao escrutínio. Ele atacava a si mesmo impiedosamente. De fato, os observadores tinham, às vezes, a impressão de que ele levava seu exame de consciência e autocastigo até o ponto de ser injusto consigo e com os companheiros mais próximos. Por exemplo, tinha como prática antiga leiloar, após a oração pública vespertina, os ornamentos presenteados a ele para o fundo em prol dos *harijans*. Ele interrompera essa prática para ganhar tempo, mas sentiu-se mal ao pensar que o fizera em detrimento dos *harijans* de quem se dizia defensor, de modo que retomou a prática. Em certa tarde chuvosa de sábado, a oração foi conduzida sob uma *shamiana* [uma grande tenda] gotejante e o leilão foi omitido porque o grupo era muito menor do que de costume. Mais tarde, Gandhi achou que errara por isso. Não seria sinal de falta de fé temer

Quando o ideal parece distante, você não deve desanimar. Pense na distância como uma medida do seu potencial, não de suas imperfeições.

Não é fácil manter-se no caminho; todos precisamos de ajuda. É importante nós também nos associarmos com colegas que compartilhem nosso compromisso de estar no caminho.

que o leilão renderia pouco porque o grupo era pequeno?[8]

Alguns poderão achar tal dedicação à melhoria contínua exagerada, particularmente em um estágio tão avançado da vida. Contudo, quando se almeja "zero defeitos" na conduta pessoal, esse é o esforço requerido.

Como Manter-se no Caminho

Não é fácil manter-se no caminho; todos precisamos de ajuda. É importante lembrar que a maioria do tempo de Gandhi era despendido com colegas do *ashram*. Esses homens e mulheres haviam se comprometido com os mesmos valores absolutos de Gandhi. É importante nós também nos associarmos com colegas que compartilhem nosso compromisso de estar no caminho.

Gandhi lançava mão de votos para se impor a disciplina necessária para manter seu compromisso, uma prática coerente com a tradição na maioria das religiões. Na vida prática do dia-a-dia, isso equivale à "decisão irrevogável". Por exemplo, quando um indivíduo toma a decisão de jamais tomar drogas, ele não tem que passar pelo processo de decisão a cada oportunidade que se apresente — a decisão já foi tomada. O vegetariano não examina um menu para decidir se irá comer carne — a decisão já foi tomada.

Podemos também tornar públicos nossos compromissos. Fazendo-o, criamos uma fonte externa de disciplina para agirmos de acordo com nossos compromissos e para focalizar a atenção pública nas questões que julgamos importantes.

Em 1920, Gandhi fez o voto de só usar roupas fiadas e tecidas à mão e, em 1921, fez o voto de fiar todos os dias. Para viabilizar o voto de fiação, Gandhi desenvolveu a habilidade de conversar, dar entrevistas e conduzir negociações enquanto fiava — com o que sujeitava seu compromisso ao escrutínio público e ajudava a focalizar a atenção pública em uma questão de grande importância para ele.

Avaliar as atividades de todos os dias é essencial para evitar desviar-se do caminho. Gandhi, em suas viagens de trem pela Índia, viajava de terceira classe, que era — e continua sendo — suja, lotada e extremamente cansativa. Em um dos deslocamentos de Gandhi, um amigo ofereceu à Sra. Gandhi a oportunidade de usar o banheiro da segunda classe em uma estação. Gandhi hesitou mas concordou. Ao avaliar suas ações mais tarde, Gandhi escreveu: "Eu sabia que minha esposa não tinha o direito de utilizar o banheiro de segunda classe, mas no final fui conivente com a impropriedade. Sei que isso", ele concluiu, "não fica bem para um devoto da verdade."[9]

Avaliar as atividades de todos os dias é essencial para evitar desviar-se do caminho.

Ao avaliar nossas ações de todos os dias, desenvolvemos a habilidade de exercer o julgamento moral sobre as questões maiores. Atletas que tentam atingir níveis de desempenho classe mundial avaliam cada aspecto do treinamento, da dieta, dos equipamentos e de desempenhos anteriores — nada é trivial demais. De forma semelhante, a disciplina da avaliação nos ajudará a elevar o nível de nosso desempenho como líderes.

Ao avaliar nossas ações de todos os dias, desenvolvemos a habilidade de exercer o julgamento moral sobre as questões maiores.

3

Desenvolva o Guia que o Manterá na Jornada

Comprometa-se a Treinar Sua Consciência

Manter-se no caminho do compromisso com um padrão único de conduta requer que avaliemos nossas ações em um contexto moral. Para isso, é necessária uma consciência *treinada* — o raciocínio moral disciplinado que nos diz o que deveríamos fazer. De acordo com Gandhi, "é uma qualidade ou estado adquirido mediante treinamento laborioso".[10] Sem uma consciência treinada, será difícil para um indivíduo ver a diferença entre o caminho do padrão único e o declive escorregadio da conveniência.

Uma consciência treinada desenvolve-se através da reflexão pessoal. Mas sem um compromisso com a verdade, a reflexão pessoal resultará tão-somente na racionalização.

A melhor forma de começar é aplicar a disciplina da verdade a todas as declarações e ações. Quando alego falta de tempo para exercitar-me, será isso realmente verdade, dado que tenho tempo para ver televisão?

Sem uma consciência treinada, será difícil para um indivíduo ver a diferença entre o caminho do padrão único e o declive escorregadio da conveniência.

Uma consciência treinada desenvolve-se através da reflexão pessoal. Mas sem um compromisso com a verdade, a reflexão pessoal resultará tão-somente na racionalização.

Talvez seja simplesmente difícil para mim admitir que possa ser preguiçoso.

Passando para o nível empresarial, vemos executivos da indústria de cigarros norte-americana condenando uma proibição da propaganda de cigarros e baseando seus argumentos no princípio da livre expressão consignado pela Primeira Emenda à Constituição. Será que continuariam argumentando contra a proibição se esta tivesse o potencial de aumentar os lucros? É muitas vezes difícil admitir a verdadeira base de nossa posição. No nível nacional, o ex-presidente americano Bush alegou que participar da Guerra do Golfo era uma questão de princípio — os Estados Unidos tinham a obrigação de repelir uma agressão injustificada contra uma nação indefesa. Ora, os Estados Unidos teriam enviado suas tropas se não houvesse petróleo no Kuwait? Avaliar nossas ações com base em nosso compromisso com a verdade pode ser difícil, mas é necessário se quisermos atingir um padrão mais elevado.

A Disciplina das Reflexões Pessoais

O crescimento moral não é possível sem a disciplina da reflexão pessoal regular, cuja melhor descrição é um diálogo consigo mesmo. Você formula perguntas, procura as respostas e avalia sua conduta. Descobri que a mais simples — mas, em vários aspectos, a mais profunda — pergunta que posso me formular é: “Tratei os outros como gostaria de ser tratado?”

A maioria de nós reflete sobre as próprias ações após reconhecer que feriu alguém ou que cometeu uma injustiça. Trata-se decerto de um bom primeiro passo, mas é reativo. Temos que ser proativos através da reflexão pessoal disciplinada e regular.

Gandhi demonstrou que a reflexão pessoal era um hábito possível para um líder político. Conquanto seu domínio fosse a ação, sua primeira atividade do dia era passar ao menos uma hora orando e meditando. Ele também conduzia orações no pôr-do-sol e cultivava um dia de silêncio por semana. Analisava suas ações nos semanários que editava, *Young India*, *Navajivan* e *Harijan*, bem como na correspondência com colegas. Nenhuma dessas atividades consumidoras de tempo diminuía o volume de trabalho que realizava; de fato, elas o sustentavam. Não precisamos copiar o nível de reflexão de Gandhi, mas podemos nos beneficiar do rumo que fixou para si.

Não creio que a reflexão disciplinada roube tempo ao trabalho; ela sustenta o espírito e aumenta a intensidade e a qualidade do trabalho. Você pode pensar que não dispõe de tempo suficiente. Contudo, você provavelmente tem tempo suficiente para reunir-se com outros a fim de discutir políticas, procedimentos, estratégia e seu cronograma. Se você considerar a reflexão pessoal como uma reunião consigo próprio, poderá programá-la à semelhança das reuniões com os outros. Uma vez tendo reservado tempo para a reflexão, você descobrirá que a disciplina de avaliar suas ações em relação aos

O crescimento moral não é possível sem a disciplina da reflexão pessoal regular, cuja melhor descrição é um diálogo consigo mesmo.

A reflexão disciplinada não rouba tempo ao trabalho; ela sustenta o espírito e aumenta a intensidade e a qualidade do trabalho.

valores absolutos da verdade e da não-violência começará a permear todas as suas atividades.

A mesma disciplina pode ser aplicada aos negócios. Líderes empresariais de sucesso sempre avaliam tudo que fazem no contexto dos imperativos estratégicos que fixaram para suas organizações. Mas para se atingir o próximo nível de liderança, tais avaliações devem ser expandidas de modo a incluir também as questões morais. Retiros estratégicos — reuniões fora da sede, onde a liderança de uma organização reflete sobre os desafios estratégicos enfrentados pela empresa — podem ser expandidos de modo a incluir a verdade no trato com clientes, funcionários e acionistas e a não-violência pela eliminação da discriminação contra mulheres e minorias ou dos danos ao meio ambiente.

4

Reduza as Forças que o Desencaminham

Comprometa-se a Reduzir os Apegos

Temos de reconhecer que apegos como ao poder, ao privilégio e às posses podem dificultar a manutenção de padrões morais elevados.

Todos nós temos apegos. Apegos são relacionamentos, posses, privilégios e outros componentes de nossa vida de que não queremos abrir mão. Alguns desses apegos, como o apego à família e ao país, são desejáveis e têm motivado as pessoas a grandes feitos. Contudo, temos de reconhecer que apegos como ao poder, ao privilégio e às posses podem dificultar a manutenção de padrões morais elevados. Essa verdade fundamental é reconhecida por todas as grandes religiões do mundo. Buda identificou nos apegos uma das causas do sofrimento. Cristo apontou para a extrema dificuldade de um rico adentrar o Reino dos Céus. Até uma vida de serviço pode ocultar um apego — o desejo de reconhecimento neste ou no próximo mundo. Admitir que os apegos são uma força poderosa que afeta a qualidade da liderança é o primeiro passo para controlar sua influência.

Sabemos o que deveríamos fazer, mas nossos apegos impedem-nos de fazê-lo, de modo que toleramos — e, portanto, apoiamos — a má liderança.

Privilégios e poder sempre estarão associados à liderança. Em muitos casos, uma posição de liderança também fornece a oportunidade de adquirir riqueza. Mas o apego aos privilégios, ao poder e à riqueza podem diminuir o padrão de liderança. Em casos extremos, preservar os apegos torna-se o único propósito do líder. Os indícios estão por toda parte. Temos visto ditadores usar medidas cada vez mais repressivas para manter-se no poder e temos visto financistas e especuladores manter seus elevados padrões de vida à custa das economias de toda a vida dos outros.

O apego pode corromper todos os níveis de uma organização. Nossa necessidade de um emprego ou de segurança financeira, por exemplo, pode impedir-nos de denunciar a conduta aética no local de trabalho. Sabemos o que deveríamos fazer, mas nossos apegos impedem-nos de fazê-lo, de modo que toleramos — e, portanto, apoiamos — a má liderança.

Como indivíduos, temos que reconhecer que nosso desejo pessoal de um padrão de vida cada vez mais elevado pode entrar em conflito com a obtenção de um padrão de liderança mais elevado. A certa altura, temos que decidir que alcançamos um padrão de vida adequado. Uma vez tomada essa decisão, fica mais fácil viver de acordo com nossos ideais de verdade e não-violência.

É possível ostentar padrões morais elevados e desfrutar os ganhos materiais resultantes do sucesso. O colega de Gandhi, Jawaharlal Nehru, o primeiro a ocupar o cargo de primeiro-ministro da Índia, foi um desses indivíduos, bem como os presidentes norte-americanos Washington, Lincoln e Carter, e os generais George Marshall, Omar Bradley e Colin Powell.

Em minha atividade profissional, tenho deparado com muitos homens e mulheres de negócios bem-sucedidos com padrões morais elevados. Observei duas características comuns nesses indivíduos: não medem o sucesso somente pela posição na empresa e não desejam uma riqueza sempre crescente. Esses indivíduos não sacrificarão seus padrões de conduta para obter maiores níveis de poder ou mais posses.

Estabelecendo limites às necessidades e refreando o desejo pela riqueza crescente, você remove uma poderosa força que poderia levar a ações imorais.

Redução dos Apegos

Quando Gandhi foi inicialmente arrastado para a política, refletiu sobre a influência dos apegos. Perguntou-se o que deveria fazer "para manter-se absolutamente intocado pela imoralidade, pela inverdade, pelo que se conhece como benesse política".[11] A primeira condição, ele decidiu, era renunciar a todas as posses terrenas — a pobreza voluntária. Gandhi não atingiu essa meta de uma só vez. Ele primeiro simplificou sua vida e diminuiu seu padrão de vida. Depois mu-

O primeiro passo é compreender a razão de ser dos vários privilégios que você possa ter adquirido como um líder. Todo privilégio deveria contribuir para a realização dos objetivos organizacionais — e é com os objetivos que você deveria estar comprometido, não com o privilégio.

dou-se para uma comuna com a família. Trocou os trajes ocidentais por indianos e, enfim, simplificou-os a um pano em volta dos quadris. Foi um processo gradual, cada passo indicando um nível maior de compromisso. A pobreza voluntária identificou Gandhi com o povo que estava liderando; em termos de posses materiais, sua vida assemelhou-se à deles. A pobreza voluntária é obviamente extrema. Entretanto, estabelecendo limites às necessidades e refreando o desejo pela riqueza crescente, você remove uma poderosa força que poderia levar a ações imorais.

Uma vez tendo reconhecido que o apego aos privilégios e ao poder podem ser um obstáculo a um padrão de liderança mais elevado, você poderá tomar medidas para reduzi-los.

O primeiro passo é compreender a razão de ser dos vários privilégios que você possa ter adquirido como um líder. Alguns são necessários para a eficiência, outros representam o papel simbólico da liderança e ainda outros fazem parte da remuneração da posição. Uma avaliação independente poderá ser necessária para determinar a natureza de cada privilégio. Então, quando a organização estiver procurando as ineficiências e quiser reduzir os custos mediante cortes salariais e demissões de funcionários, os privilégios da liderança deverão ser examinados no mesmo contexto e reduzidos onde for necessário. Todo privilégio deveria contribuir para a realização dos objetivos organizacionais — e é com os objetivos que você deveria estar comprometido, não com o privilégio.

O poder também é concedido aos integrantes de uma organização com um propósito — para ser usado em prol das metas e dos objetivos da organização. O problema surge quando o poder torna-se objeto de apego e é empregado de forma imprópria para aumentar o poder e os privilégios.

O problema surge quando o poder torna-se objeto de apego e é empregado de forma imprópria para aumentar o poder e os privilégios.

Como um indivíduo comprometido com um padrão mais elevado, você deve usar o poder dentro dos limites fixados por seus valores e deve estar disposto a arriscar esse poder em prol do compromisso com esses valores. Vi funcionários recusarem-se — um considerável risco para suas carreiras — a aplicar seu *know-how* no desenvolvimento de projetos que julgaram prejudiciais ao meio ambiente ou à segurança pública. Conheço executivos que preferiram abandonar a empresa a implementar políticas de demissão que negavam aos funcionários uma indenização justa. Em alguns casos, tal compromisso forçou a empresa a repensar suas políticas. Mas qualquer que seja o resultado, esses são os tipos de indivíduos que contribuem para um padrão de liderança mais elevado.

Reduzir o apego à riqueza, ao poder e aos privilégios é essencial à manutenção de um compromisso com valores absolutos. Como um líder, você pode encorajar a abertura e minimizar o sigilo para proporcionar uma fonte de disciplina que ajudará a reduzir esses apegos.

Como um indivíduo comprometido com um padrão mais elevado, você deve usar o poder dentro dos limites fixados por seus valores e deve estar disposto a arriscar esse poder em prol do compromisso com esses valores.

5

Esteja Disposto a Submeter-se ao Escrutínio

Comprometa-se a Minimizar o Sigilo

Um compromisso de minimizar o sigilo força-nos a pensar nas conseqüências de nossas ações e proporciona uma disciplina que nos ajuda a permanecer no rumo. Gandhi escreveu: "O sigilo, em minha opinião, é um pecado e um sintoma de violência, a ser portanto definitivamente evitado."[12] Gandhi achava que os indivíduos e as organizações comprometidos com a verdade e a não-violência não poderiam guardar segredos.

Gandhi viveu pessoalmente uma vida comprometida com a abertura. Sua autobiografia, *The story of my experiments with truth*, que cobre sua vida até 1921, é marcada por um nível extraordinário de franqueza. Ele queria que suas experiências ajudassem aos outros. Nada escondia, porque, como escreveu, "não esconderei nem atenuarei quaisquer coisas desagradáveis que devam ser contadas. Espero informar plenamente o leitor de todas as minhas faltas e erros".[13] Gandhi não sentiu necessidade de estender

O sigilo é o inimigo da confiança e é responsável por grande parte da desconfiança existente entre o mundo dos negócios e a sociedade, as empresas e os clientes, a gerência e os funcionários.

Compartilhamos informações com pessoas em quem confiamos. Como podem os líderes querer a confiança de seus liderados se não estão preparados para compartilhar as informações?

a autobiografia além de 1921. "Minha vida desse ponto em diante tem sido tão pública, que não contém praticamente nada desconhecido pelas pessoas."[14]

Como Gandhi não tinha recursos financeiros, não havia nada nas finanças pessoais por esconder. Detalhes de sua vida pessoal, inclusive as particularidades da rotina diária — sua dieta, seus banhos, suas massagens — eram de conhecimento público. Os que viviam com ele no *ashram* e os que viajavam com ele podiam entrar em seus aposentos sem se fazer anunciar a qualquer hora do dia ou da noite.

Quanto às idéias, era tão aberto como quanto à conduta. Não evitava questões controversas e estava sempre pronto a apresentar seus pontos de vista.

Como uma sociedade, reconhecemos que a conduta de nossos líderes e das organizações políticas deve ser mantida sob escrutínio. Reconhecemos isso através de nosso compromisso com a liberdade de imprensa e com a legislação que a garante. Porém, a conduta de nossos líderes empresariais raramente é informada em qualquer detalhe mesmo no meio empresarial, e eles estão sujeitos à disciplina da plena divulgação apenas na área do desempenho financeiro.

Existem importantes razões pragmáticas para se minimizar o sigilo em uma organização. Os líderes que compartilham a estratégia, o desempenho financeiro e o sucesso da empresa com os funcionários criam um sentimento de parceria com eles. Os sócios estão dispostos a esforçar-se para desenvolver novas idéias, a trabalhar por longos períodos nas emergências e a agir pelo interesse comum em detrimento do interesse próprio, formando assim uma vantagem competitiva.

Quando as empresas têm que optar entre o ganho econômico e a saúde pública, a segurança ou a preservação do meio ambiente, o processo costuma ser envolto em sigilo. Somente quando existe uma ação legal ou uma investigação após um acidente ecológico, o processo de decisão é revelado. Ao avaliarmos o processo, descobrimos muitas vezes que, na falta da disciplina da abertura, os indivíduos responsáveis pela decisão tiveram facilidade em favorecer o ganho econômico a curto prazo em detrimento das preocupações da sociedade.

Um compromisso de minimizar o sigilo força-nos a pensar nas conseqüências de nossas ações e proporciona uma disciplina que nos ajuda a permanecer no rumo.

Os critérios de promoção em uma empresa tornam-se mais dissimulados e ambíguos quanto mais alto o nível do funcionário. Nesse caso, usa-se como justificativa do sigilo o fato de estarem sendo avaliados traços do caráter e temperamento. Entretanto, o sigilo também pode se prestar à exclusão de pessoas que não "se enquadram". Reduzindo o sigilo e tornando explícitos os critérios de promoção, impomo-nos uma disciplina que encoraja a diversidade e desencoraja o preconceito.

Responsabilidade pela Minimização do Sigilo

A maioria das informações sobre as empresas agora divulgadas ao público o são como resultado da legislação e da regulamentação. A predisposição tem sido para o sigilo. O sigilo é o inimigo da confiança e é responsável por grande parte da desconfiança existente entre o mundo dos negócios e a sociedade, as empresas e os clientes, a gerência e os funcionários. Por exemplo, somente após muita pressão as sociedades anônimas norte-americanas passaram a revelar detalhes da remuneração da alta gerência. Ao manter segredo, a liderança dava aos liderados a impressão de agir de má fé.

Dificultar o acesso às informações é uma forma indireta de manter o sigilo.

Compartilhamos informações com pessoas em quem confiamos. Isso é evidente em todo aspecto de nossa vida, de nossas famílias e amigos às nossas relações com nossos médicos e sacerdotes. Como podem os líderes querer a confiança de seus liderados se não estão preparados para compartilhar as informações?

A liderança tem que estar pessoalmente comprometida com a abertura, de modo que seus liderados possam avaliar seu compromisso com o caminho do padrão único. Isso tem que ser uma questão de princípio, não algo imposto por exigências legais ou de regulamentação. Os líderes deveriam assumir a responsabilidade pessoal por fornecer as informações necessárias à avaliação de sua liderança. Dificultar o acesso às informações é uma forma indireta de manter o sigilo.

Responsabilidade dos que Pedem a Abertura

Os que pedem informações e as avaliam são responsáveis por usá-las dentro de um compromisso com valores absolutos. Grupos de interesse políticos muitas vezes manipulam dados para defender posições específicas. Muitos ativistas usam dados parciais para justificar um programa específico quanto a questões sociais ou ambientais. E jornalistas, na pressa de serem os primeiros, muitas vezes não aguardam todos os fatos antes de escrever a matéria. Se a informação for tirada do contexto e usada seletivamente em defesa de um ponto de vista específico, o compromisso com a verdade terá sido violado.

Se os que pedem a abertura não cumprirem seu compromisso com a verdade, serão igualmente responsáveis pelo ciclo de engodo, por fornecer aos detentores das informações a justificativa para o sigilo. Os que pedem informações devem cumprir com suas responsabilidades, ao mesmo tempo em que cobram dos detentores das informações que cumpram com as suas.

Se os que pedem a abertura não cumprirem seu compromisso com a verdade, serão igualmente responsáveis pelo ciclo de engodo, por fornecer aos detentores das informações a justificativa para o sigilo.

6

A Qualidade Essencial: Coragem

Cada passo no caminho para um padrão de liderança mais elevado exige coragem — coragem de comprometer-se com valores absolutos e com o código universal de conduta de tratar os outros como a nós mesmos.

A coragem física é familiar a todos nós: a disposição a arriscar a integridade física por uma causa nobre. Admiramos quem exibe essa qualidade. Consideramo-lo heróico pois, em casos extremos, estará disposto a sacrificar a própria vida por suas crenças. A coragem moral é semelhante: fazer o que é certo e aceitar as conseqüências. No final, é a coragem moral que determina o padrão de liderança nas esferas práticas da política, dos negócios, da vida acadêmica e da comunidade.

A jornada de Gandhi no caminho para um padrão mais elevado começou com uma ação simples e corajosa quando era um jovem advogado na África do Sul. Ele viajava no compartimento de primeira classe de um trem, quando o condutor o abordou e pediu que saísse, pois não eram permitidas "pessoas de cor" ali. Gandhi se recusou, insistindo em seu direito de viajar na primeira

É a coragem moral que determina o padrão de liderança nas esferas práticas da política, dos negócios, da vida acadêmica e da comunidade.

classe, uma vez que comprara o bilhete. Ele foi posto à força para fora do trem.

A essa altura, Gandhi sentiu que tinha que tomar uma decisão. Deveria aceitar o preconceito racial como o meio de vida na África do Sul e continuar seu trabalho de advogado ou deveria lutar para abolir essa injustiça? Tomou a decisão de resistir à injustiça. "Eu deveria tentar, se possível, extirpar a doença [o preconceito racial] e enfrentar os infortúnios do processo."[15] A decisão tornou-se um compromisso vitalício. Naquele momento, Gandhi não tinha idéia de até onde o levaria; mas no decurso da história humana, poucos indivíduos tomaram decisões com conseqüências de tão longo alcance.

A coragem moral advém da identificação com o bem intrínseco à própria pessoa. Quanto maior a identificação, mais coragem você terá. Quando você se identificar com sua crença no que é certo, terá a coragem de realizá-lo. A identificação completa faz um indivíduo sentir que não tem outra escolha.

Ao exercitar a coragem moral e realizar o que sabe que é certo, você pode enfrentar a adversidade. A adversidade vem de várias formas: perda de amigos, de dinheiro, posição, popularidade, sucesso. Em alguns casos, fazer o que é certo — ou não se submeter ao que você sabe ser errado — pode resultar em dor física. Aqui a coragem moral e física se encontram.

Continuando sua viagem de diligência, Gandhi viu-se forçado a demonstrar ambas. Ele deveria ter sido acomodado dentro da diligência, mas foi forçado a sentar-se do lado de fora. Quando o homem branco responsável pelo grupo resolveu fumar, quis viajar do lado de fora e pediu a Gandhi que cedesse o assento e se sentasse no chão aos seus pés. Gandhi recusou-se. O homem pôsse a bater em Gandhi, que, como praticante da não-violência, recusou-se a retaliar. Gandhi escreveu: "Os passageiros estavam testemunhando a cena: o homem me xingando, arrastando e desancando, e eu permanecendo quieto."[16] Os passageiros finalmente intervieram e o espancamento cessou. Gandhi pôde permanecer no assento.

Por toda a vida, Gandhi demonstrou que, para lutar contra a injustiça, o adepto da não-violência deve resistir negando-se a cooperar. Rosa Parks fez o mesmo nos Estados Unidos, ao recusar-se a mudar para o setor de negros na traseira do ônibus — uma ação a que se atribui com freqüência o desencadeamento do movimento dos direitos civis. Cada um de nós deve ter coragem e assumir alguma responsabilidade individual pela abolição da injustiça, caso queiramos melhorar o padrão de liderança.

A coragem é essencial no compromisso com o código universal de conduta: tratar os outros como a nós mesmos. No nível mais simples, pode ser preciso coragem para ser um amigo. No mundo empresarial, tenho visto executivos evitarem colegas que caíram em desgraça. Faltou a esses executivos a coragem de manter a amizade, porque temiam por suas carreiras.

Ao exercitar a coragem moral e realizar o que sabe que é certo, você pode enfrentar a adversidade. A adversidade vem de várias formas: perda de amigos, de dinheiro, posição, popularidade, sucesso.

Por toda a vida, Gandhi demonstrou que, para lutar contra a injustiça, o adepto da não-violência deve resistir negando-se a cooperar.

Tratar toda a humanidade como a si mesmo requer um extraordinário nível de coragem. Esse é o tipo de coragem que Gandhi personificou. É o que torna benevolente um líder realmente grande. O trabalho de Gandhi pelos intocáveis requereu a coragem de enfrentar o costume e o poder estabelecidos.

Quando você defende o que acredita ser certo, precisa ter a coragem de admitir suas ações e enfrentar as conseqüências. Na luta pela independência, os indianos podiam parar na cadeia por advogar a independência e tentar subverter o governo "legal". Embora Gandhi tenha sido enviado à cadeia várias vezes na Índia, apenas uma vez foi processado por um tribunal. No processo, disse ao juiz que presidia o tribunal: "Estou aqui, portanto, para solicitar e submeter-me à penalidade mais alta que me pode ser infligida pelo que a lei considera um crime deliberado mas que se me afigura o dever mais elevado de um cidadão."[17]

Gandhi, através do próprio exemplo, inspirou outras pessoas a serem corajosas — a recusarem submeter-se a leis injustas e recusarem-se a fugir e retaliar quando sujeitos à violência pelos agentes da lei. Gandhi também inspirou um tipo diferente de coragem: a coragem de abrir mão do familiar e confortável e de enfrentar novos desafios. Muitos dos que estiveram na linha de frente da luta pela independência da Índia abriram mão de vidas de tranqüilidade e conforto para seguir o exemplo de Gandhi de uma vida simples. Outros desafiaram família e amigos para trabalhar pela tolerância religiosa, para melhorar as condições de vida nas aldeias e para tentar abolir a intocabilidade.

Uma das descobertas que devo a Gandhi é que devemos nos instruir sobre a coragem moral em nossas próprias vidas pessoais — fazendo o que acreditamos ser certo e não sendo subservientes à opinião dos outros. Se conseguirmos instilar um sentimento de coragem moral em nossos jovens, terão segurança para resistir às pressões dos colegas que promovem as drogas, a violência e o comportamento destrutivo.

Quando você defende o que acredita ser certo, precisa ter a coragem de admitir suas ações e enfrentar as conseqüências.

Coragem e uma Vontade Indomável

Com coragem um líder vence batalhas, mas é preciso uma vontade indomável para vencer a guerra. É a vontade indomável do líder que infunde aos outros a confiança de que vencerão. Ela permite ao líder pedir o impossível e obtê-lo.

Nenhuma das causas que Gandhi abraçou e por que trabalhou tinha soluções a curto prazo. Seu envolvimento na luta pela independência da Índia durou mais de trinta anos. Seu programa pela abolição da intocabilidade e os programas de auto-ajuda que iniciou nas aldeias jamais se completariam. E suas lutas pessoais pela adesão completa à verdade e à não-violência duraram até o dia em que morreu.

Cada passo no caminho para um padrão de liderança mais elevado exige coragem — coragem de comprometer-se com valores absolutos e com o código universal de conduta de tratar os outros como a nós mesmos. Sua coragem servirá de fonte de inspiração para os outros e ajudará aqueles com quem você se associar a também atingirem um padrão mais elevado.

A liderança é um modo de vida e uma vida corajosa é aquela que vale a pena ser vivida.

Com coragem um líder vence batalhas, mas é preciso uma vontade indomável para vencer a guerra. É a vontade indomável do líder que infunde aos outros a confiança de que vencerão.

PARTE 2

O Espírito de Servir

Focalize as Responsabilidades, Não os Direitos
Enfatize o Serviço Baseado em Valores
Assuma um Compromisso com o Serviço Pessoal
Compreenda as Necessidades das Pessoas que Desejar Servir
Reconcilie Poder com Serviço
O ESPÍRITO DE SERVIR

Gandhi nunca ocupou qualquer posição oficial no governo, nem tinha riqueza, nem comandava nenhum exército — mas conseguia mobilizar milhões. As pessoas estavam dispostas a servir com ele e por ele porque ele dedicava a vida a servi-las.

Muitos de nós passamos a acreditar que liderança é a conquista do poder. Mas enquanto o poder dominar nosso pensamento sobre a liderança, não conseguiremos progredir para um padrão de liderança mais elevado. Temos que pôr o serviço no centro; embora o poder sempre seja associado à liderança, esta só tem um uso legítimo: o serviço.

A importância do serviço para a liderança tem uma longa história. Os monarcas da Antigüidade reconheciam estarem a serviço de seu país e seu povo — ainda que suas ações não fossem coerentes com isso. As modernas cerimônias de coroação e de posse dos chefes de Estado envolvem o compromisso de servir a Deus, ao país e ao povo. Os políticos definem seu papel em termos de serviço público. E o serviço sempre fez parte da essência da liderança na esfera espiritual, simbolizado no nível mais elevado por Cristo lavando os pés dos discípulos.

O serviço existe no contexto de um relacionamento. Na política, dá-se entre dirigentes eleitos e seus eleitores, na vida acadêmica entre professores e seus alunos, na religião entre sacerdotes e suas congregações, nas relações interpessoais entre pessoas que se amam. Nos negócios, dá-se entre empresas e seus clientes, acionistas, gerentes e funcionários.

Se o padrão único é o fundamento de um padrão de liderança mais elevado, o espírito de servir é o material com que a estrutura deve ser construída.

Enquanto o poder dominar nosso pensamento sobre a liderança, não conseguiremos progredir para um padrão de liderança mais elevado.

O ideal é o serviço abnegado — ver todo mundo como a si mesmo e não esperar recompensa. Mas se você esperar até conseguir servir sem nenhuma motivação egoísta, poderá esperar para sempre. Gandhi insistiu que a melhor forma de atingir o ideal era começar a jornada: "Se todos nos recusarmos a servir até atingirmos a perfeição, não haverá serviço. O fato é que a perfeição é atingida através do serviço."[18]

A liderança baseada no serviço não significa só fazer o que as pessoas desejam. O serviço deve ser conduzido nos limites dos valores morais — deve ser um serviço *verdadeiro*. Se você estiver comprometido com o serviço verdadeiro, nem sempre poderá dizer às pessoas o que querem ouvir. Quando achar que estão erradas, terá que dizer-lhes. Por essa razão, o serviço comprometido com a verdade nem sempre é popular. Gandhi, por exemplo, era implacável na crítica aos compatriotas indianos pela prática da intocabilidade, pela falta de higiene e pela tolerância da pobreza e riqueza extremas predominantes na Índia.

Em fevereiro de 1916, Gandhi discursou na inauguração da Universidade Hinduísta de Benares. Pessoas famosas acorreram de toda a Índia. Marajás, com seus ornamentos e jóias, sentaram-se sobre a plataforma dos oradores, mas Gandhi primeiro dirigiu a mensagem aos estudantes na platéia.

"Faço muitas viagens", ele contou. "Observo as dificuldades dos passageiros de terceira classe. Mas a administração da ferrovia não é a única culpada pelo seu sofrimento. Nós ignoramos as leis elementares da higiene. Cuspimos por todo o chão do vagão, sem pensarmos que serve muitas vezes de espaço para se dormir. Não nos preocupamos com a forma como o usamos; o resultado é uma sujeira indescritível no compartimento."[19]

Depois, dirigiu a atenção aos marajás. "Comparo os nobres ricamente adornados com os milhões de pobres", ele afirmou. "Sinto vontade de dizer a esses nobres: 'Não haverá salvação para a Índia enquanto não se despirem dessas jóias em benefício dos seus compatriotas.'"[20]

Gandhi não temia dizer às pessoas as verdades desagradáveis que tinham que ouvir para assumirem suas responsabilidades individuais. Somente líderes comprometidos com a verdade e o serviço, e não com o poder e a popularidade, são capazes disso.

Como líderes, temos que construir organizações comprometidas com o serviço. Temos que criar uma consciência do serviço, desenvolver um grupo básico que treinará os outros no serviço, desenvolver um sistema de prestação do serviço e medir o serviço para avaliar o desempenho. Não há nada de novo nessas tarefas. Muitas empresas e organizações de voluntários realizam todas essas coisas muito bem.

Como um líder organizacional, Gandhi realizou todas essas funções de modo eficaz. Mas ele também pôs ante nossos olhos um padrão mais elevado: um padrão baseado em um espírito permanente de serviço pessoal

O serviço deve ser conduzido nos limites dos valores morais — deve ser um serviço verdadeiro. Se você estiver comprometido com o serviço verdadeiro, nem sempre poderá dizer às pessoas o que querem ouvir.

Gandhi pôs ante nossos olhos um padrão mais elevado: um padrão baseado em um espírito permanente de serviço pessoal fundamentado na responsabilidade individual e no imperativo moral.

fundamentado na responsabilidade individual e no imperativo moral.

Se o padrão único é o fundamento de um padrão de liderança mais elevado, o espírito de servir é o material com que a estrutura deve ser construída. Ao examinar a vida de Gandhi no contexto das tarefas da liderança atual, encontrei cinco passos que ajudarão a tornar o serviço o centro da liderança:

- Focalize as responsabilidades.
- Enfatize o serviço baseado em valores.
- Assuma um compromisso com o serviço pessoal.
- Compreenda as necessidades das pessoas que desejar servir.
- Reconcilie poder com serviço.

Dar esses passos não requer nenhum talento especial, somente o desejo e o compromisso de servir.

7

Focalize as Responsabilidades

O desafio dos líderes é cumprir com sua responsabilidade fundamental como seres humanos: tratar os outros como a si mesmos.

Certa vez, H. G. Wells pediu a opinião de Gandhi sobre um documento intitulado "Direitos do Homem", de que Wells era co-autor. Gandhi não concordou com a ênfase do documento sobre os direitos. Ele respondeu com um telegrama que dizia: "Sugiro a forma certa. Comece com uma declaração dos deveres do homem (com D e H maiúsculos) e garanto que os direitos se seguirão como a primavera se segue ao inverno."[21]

Dar o Exemplo

A ênfase nos deveres e nas responsabilidades é essencial ao desenvolvimento de um espírito de serviço. A maioria dos líderes cumpre muito bem com as responsabilidades relacionadas aos aspectos funcionais de suas posições. O desafio dos líderes é cumprir com sua responsabilidade fundamental como seres humanos: tratar os outros como a si mesmos. Os líderes precisam dar um

Quer você seja um chefe de departamento ou um supervisor, o princípio permanece o mesmo: cumpra com suas responsabilidades antes de pedir aos outros que cumpram com as deles.

exemplo que inspire todos nós a cumprir com nossas responsabilidades individuais em nossas famílias e comunidades e entre nossos círculos de amigos.

Gandhi não pediu aos outros que abandonassem a prática da discriminação até ele próprio viver entre os intocáveis e realizar seu trabalho de limpar latrinas. Por usar roupas fiadas e tecidas à mão, podia pedir aos outros que fizessem o mesmo. Opunha resistência não-violenta e comprometida com a verdade a leis injustas, indo voluntariamente parar na cadeia. Por conseguinte, possuía autoridade moral para solicitar aos outros que o seguissem.

Como um líder empresarial, você pede aos outros que cumpram com suas responsabilidades para com os acionistas reduzindo os custos para aumentar os lucros. Você deve dar um exemplo, reduzindo os custos diretamente sob seu controle. Como principal executivo, é sua responsabilidade garantir que os custos do quadro de pessoal da empresa estejam abaixo do referencial de excelência, antes de pedir aos outros que reduzam seus custos abaixo dos padrões do setor. Quer você seja um chefe de departamento ou um supervisor, o princípio permanece o mesmo: cumpra com suas responsabilidades antes de pedir aos outros que cumpram com as deles.

Cumprimento das Responsabilidades e Insistência nos Direitos

Quando deixamos de cumprir com nossas responsabilidades para com os outros, eles têm que insistir em seus direitos. Em alguns casos, esses direitos têm que ser garantidos por leis escritas. Os fundadores dos Estados Unidos não cumpriram com suas responsabilidades para com as mulheres ao negar-lhes o direito de voto, nem cumpriram com suas responsabilidades para com os negros ao permitir a escravidão. Até recentemente, não cumpríamos com nossas responsabilidades para com os deficientes físicos. Cada um desses grupos teve de lutar por seus direitos e garanti-los por lei.

Os líderes empresariais insistem no direito de liberdade da interferência governamental na condução de seus negócios. Porém, a maior parte das regulamentações governamentais foi instituída porque as empresas não cumpriram com suas responsabilidades, por exemplo, de proteger o meio ambiente ou de zelar pela segurança dos funcionários. Se as empresas tivessem cumprido com suas responsabilidades de início, não teriam que se esforçar tanto hoje na defesa de seus direitos.

Gandhi sempre acreditou que quem tinha os direitos negados também deveria cumprir com suas responsabilidades. Ele insistia que seus compatriotas indianos cumprissem com suas responsabilidades uns para com os outros lutando para abolir a intocabilidade e a pobreza. Com isso, ele

Quando deixamos de cumprir com nossas responsabilidades para com os outros, eles têm que insistir em seus direitos. Em alguns casos, esses direitos têm que ser garantidos por leis escritas.

Como um líder empresarial, você tem que conscientizar seus funcionários dos desafios enfrentados pela empresa. Mostre-lhes como você está tentando cumprir com suas responsabilidades e aprenda como eles estão tentando cumprir com as deles.

alegava, adquiririam maior autoridade moral para cobrar dos britânicos os próprios direitos.

Gandhi também insistia que seus oponentes tinham o direito à cortesia e ao respeito como indivíduos — de ser tratados como ele gostaria de ser tratado. Ele nunca esquecia o aspecto humano em nenhum relacionamento. Para o casamento da princesa (agora rainha) Elizabeth, enviou uma toalha de mesa tecida à mão com fios que fiara pessoalmente. Quando esteve na prisão, na África do Sul, confeccionou um par de sandálias para o marechal de campo Smuts, responsável por sua prisão.

Esse mesmo princípio pode ser aplicado às relações empresariais. Os líderes empresariais participam de negociações com sindicatos e autoridades regulamentadoras e da concorrência com outras empresas. Eles deveriam sempre tentar tratar os indivíduos no outro lado com respeito e consideração.

Gandhi lutou contra todas as formas de exploração e sempre tentou convencer os que se beneficiavam dela de que não estavam cumprindo com suas responsabilidades individuais como seres humanos. Sentia que isso, além de coerente com a verdade e a não-violência, era a única solução a longo prazo para a exploração. Por exemplo, em sua campanha pelo uso de roupas fiadas e tecidas à mão, Gandhi conclamou por um boicote aos tecidos estrangeiros — sobretudo britânicos. Isso fez cair as exportações das tecelagens britânicas de Lancashire, acarretando a redução dos salários e algum desemprego. Quando foi a Londres negociar com os britânicos, em 1931, Gandhi insistiu em visitar as tecelagens em Lancashire, onde explicou aos trabalhadores que os aldeões na Índia precisavam vender seu próprio produto para sair da pobreza. Observou que o salário-desemprego médio na Inglaterra era dez vezes superior ao salário médio indiano. "Vocês querem", ele perguntou, "prosperar arrebatando o bocado de pão das bocas dos fiandeiros e tecelões indianos e dos seus filhos?" Os trabalhadores puderam ver pela forma de vida de Gandhi que sua preocupação com os pobres era genuína, mostrando-lhe bastante afeição. Gandhi ficou profundamente comovido e afirmou que lembraria daqueles dias até "o fim de sua existência terrena".[22]

Uma sociedade movida pelas responsabilidades é orientada para o serviço, o reconhecimento de outros pontos de vista, o acordo e o progresso — enquanto uma sociedade movida pelos direitos é orientada para a aquisição, o confronto e o jogo político.

Como um líder empresarial, você tem que conscientizar seus funcionários dos desafios enfrentados pela empresa. Mostre-lhes como você está tentando cumprir com suas responsabilidades e aprenda como eles estão tentando cumprir com as deles. Então, vocês talvez consigam encontrar formas de se ajudar mutuamente.

Gandhi demonstrou que cumprir com as responsabilidades de forma nenhuma diminui a intensidade da luta pela justiça. Pelo contrário, intensifica-a, pois tudo é colocado no mesmo contexto: viver à altura de nossas responsabilidades como seres humanos.

Na empresa, a motivação atinge o máximo quando todos os funcionários são movidos por um sentimento de responsabilidade pessoal pela consecução de seu trabalho dando o máximo de si.

Cumprir com as Responsabilidades Beneficia a Todos

Existem razões pragmáticas para que todos nós focalizemos nossas responsabilidades, em vez de nossos direitos. Uma sociedade movida pelas responsabilidades é orientada para o serviço, o reconhecimento de outros pontos de vista, o acordo e o progresso — enquanto uma sociedade movida pelos direitos é orientada para a aquisição, o confronto e o jogo político. Se cumprirmos com nossa responsabilidade de tratar os outros como a nós mesmos, a tessitura social não precisará ser ameaçada na luta pelos direitos.

Na empresa, a motivação atinge o máximo quando todos os funcionários são movidos por um sentimento de responsabilidade pessoal pela consecução de seu trabalho dando o máximo de si. Quando isso acontece, a necessidade de supervisão diminui e a eficiência e produtividade aumentam.

Atualmente, porém, a tendência em todos os aspectos da sociedade parece ser em direção aos direitos, e não às responsabilidades. O conceito de cumprir com as obrigações e responsabilidades por ser a coisa certa parece estar em declínio. Não podemos esperar atingir um padrão de liderança mais elevado se não reconhecermos que cumprir com nossas responsabilidades deveria ser um modo de vida, e não um meio de obter recompensas. Deveria ter seu fundamento na família, onde os pais e avós dão o exemplo aos filhos, que serão os líderes do futuro. Tem que ser reforçado na comunidade e no local de trabalho, onde você, como um líder, dá o exemplo focalizando as próprias responsabilidades e cobrando dos outros que cumpram com as deles.

Não podemos esperar atingir um padrão de liderança mais elevado se não reconhecermos que cumprir com nossas responsabilidades deveria ser um modo de vida, e não um meio de obter recompensas.

mas também ser reforçado na comunidade e no local de trabalho, onde você, como um líder, dá o exemplo honrando as próprias responsabilidades e cobrando dos outros que cumpram com as deles.

8

Enfatize o Serviço Baseado em Valores

O serviço que Gandhi defendeu baseava-se em um imperativo moral: você serve a seus irmãos seres humanos porque é a coisa certa. As recompensas desse serviço baseado em valores são a realização pessoal e um sentimento de satisfação.

O serviço que a maioria das organizações presta é projetado para atender a objetivos organizacionais: baseia-se em uma política empresarial. O serviço baseado em políticas depende de eficácia e de motivação externa. As recompensas são promoções, dinheiro e aclamação. Quando seu compromisso se baseia em políticas, é fácil reduzir o serviço diante de condições novas ou de resultados desfavoráveis a curto prazo. Um espírito permanente de serviço, que leve a um padrão de liderança mais elevado, requer uma abordagem baseada em valores.

O serviço que Gandhi defendeu baseava-se em um imperativo moral: você serve a seus irmãos seres humanos porque é a coisa certa.

> Para Gandhi, todos os atos de serviço tinham que passar no teste da verdade e da não-violência, e o serviço a qualquer grupo tinha que beneficiar toda a humanidade.

Serviço para Todos

Gandhi, acreditando na igualdade de todos os homens, situou o serviço no contexto do serviço para todos. Ele escreveu: "O serviço pessoal, quando se funde com o serviço universal, é o único serviço que vale a pena prestar."[23] Para Gandhi, todos os atos de serviço tinham que passar no teste da verdade e da não-violência, e o serviço a qualquer grupo tinha que beneficiar toda a humanidade.

Em 1946, tornou-se claro que a visão política de Gandhi de uma Índia livre e unida não prevaleceria. Havia negociações políticas em andamento para a partilha da Índia e a criação do Paquistão, bem como a ameaça de violência entre hinduístas e muçulmanos. A violência finalmente irrompeu na província de Bengala, cujos muçulmanos sujeitaram os hinduístas à violência, ao assassinato, ao estupro e à pilhagem. Os hinduístas retaliaram na província de Bihar, sujeitando os muçulmanos a um tratamento semelhante. Muitos dos colegas políticos de Gandhi defenderam o recurso à força para sufocar os distúrbios, muito embora tivessem se comprometido com a não-violência durante a luta pela independência. Sob as novas circunstâncias, eles sentiram que a violência seria uma política mais eficiente. Gandhi discordou. Imediatamente, deixou o teatro do poder político e rumou para as áreas conturbadas a fim de confortar as vítimas e aconselhar os que perpetraram violências. Ele serviu a todo o povo e, dado que seu serviço se baseava em valores absolutos, não seria comprometido porque as circunstâncias mudaram.

O serviço a qualquer grupo — acionistas, clientes, funcionários ou a sociedade — deve ser prestado no contexto do serviço para todos. Se você prestar um excelente serviço aos clientes ou aumentar a prosperidade dos acionistas tratando mal os funcionários, ou oferecer benefícios e salários exagerados aos funcionários e à gerência à custa da competitividade da empresa, a empresa será prejudicada a longo prazo.

O principal executivo de uma grande empresa japonesa explicava de forma eficaz esse princípio no discurso de boas-vindas aos novos funcionários. Ele desenhava um círculo em um quadro-negro para representar a renda da empresa e dividia-o em segmentos, cada segmento representando o quinhão de um grupo — tal como a gerência, os trabalhadores, os clientes e os acionistas. Depois, explicava como cada grupo tentava aumentar o tamanho de seu segmento à custa de outro. Ele lhes dizia que, segundo sua crença, o objetivo de cada indivíduo na empresa deveria ser o aumento do círculo todo, o que só poderia ser conseguido servindo-se a todos os grupos. Depois, ele apagava todas as linhas que dividiam o círculo em segmentos.

Ao se servir a vários grupos, sempre haverá injustiças a curto prazo. Entretanto, quando o povo está convencido de que o compromisso do líder com o serviço é permanente e baseado em valores, torna-se

O serviço a qualquer grupo — acionistas, clientes, funcionários ou a sociedade — deve ser prestado no contexto do serviço para todos.

> *Na empresa, não é possível tornar o serviço um imperativo moral, devido ao sistema de recompensas e remuneração. Contudo, o serviço pode tornar-se um valor ou uma tradição cultural na empresa.*

mais tolerante para com as injustiças a curto prazo.

Tornar o Serviço uma Tradição

Na empresa, não é possível tornar o serviço um imperativo moral, devido ao sistema de recompensas e remuneração. Contudo, o serviço pode tornar-se um valor ou uma tradição cultural na empresa. Quando isso acontece, o serviço passa a ser a ação esperada.

Essa é uma área que tem registrado grande progresso nas empresas norte-americanas. As empresas têm concedido aos funcionários de linha de frente o treinamento, as ferramentas e a responsabilidade para prestarem bons serviços e têm reconhecido os indivíduos e grupos que prestam um serviço superior. Assim, criaram uma tradição. A cadeia de hotéis Ritz Carlton, a L. L. Bean, a Federal Express, a ServiceMaster, as revendas de carros da Lexus e muitas outras empresas têm demonstrado que prestar um ótimo serviço aos clientes é o caminho para o sucesso. Quando uma empresa torna-se conhecida por sua tradição em serviços, atrai e retém os funcionários que desejam ser prestativos, de modo que a tradição é preservada.

Um espírito de serviço permanente, motivado por valores, continuará dando propósito à sua vida mesmo quando você não mais ocupar uma posição de formulação de políticas. Jimmy Carter, por exemplo, deixou a presidência norte-americana com baixíssima popularidade; porém, seu compromisso com o serviço baseado em suas crenças religiosas dotou-o de um propósito permanente. Ele agora ajuda a construir casas para os pobres através do programa Habitat for Humanity e atua como mediador em conflitos nos países em desenvolvimento. Sem grande alarde, desenvolveu uma vida de serviço, baseada em seus valores, bem mais duradoura que o poder político que outrora deteve. Como resultado, conquistou o respeito das pessoas por toda a parte.

Um espírito de serviço permanente, motivado por valores, continuará dando propósito à sua vida mesmo quando você não mais ocupar uma posição de formulação de políticas.

bado sua popularidade, porém, seu compromisso com o serviço baseado em suas crenças religiosas dotou-o de um propósito permanente. Ele agora ajuda a conseguir casas para os pobres através do programa Habitat for Humanity e atua como mediador em conflitos nos países em desenvolvimento. Sua grande alma desenvolveu uma vida de serviço, baseada em seus valores, bem mais duradoura que o poder político que outrora deteve. Como resultado, conquistou o respeito das pessoas por toda a parte.

9

Assuma um Compromisso com o Serviço Pessoal

Você e eu não temos que esperar por uma grande causa para nos comprometermos com o serviço pessoal. Ele pode começar pelos que nos cercam: nossa família e nosso amigos.

Quando Gandhi deixou o teatro do poder político, em 1946, para visitar as áreas conturbadas da Índia, tinha 77 anos. Sua atividade era incansável. Ele trabalhava quinze a dezoito horas diárias e caminhou 187 quilômetros em sessenta dias para confortar as vítimas em 46 aldeias. Aqui, em meio a uma selvageria indizível, estava um indivíduo frágil com a coragem de cumprir com seu compromisso para com a verdade e a não-violência. Ele pediu às vítimas que perdoassem e, ao mesmo tempo, pediu aos perpetradores da violência que se arrependessem.

Após percorrer as aldeias em Bengala a pé, dirigiu-se a Bihar, Calcutá e Delhi com a mesma missão. Muitos consideraram esses anos de serviço e sofrimento como a maior realização de Gandhi. Através do compromisso com o serviço pessoal, Gandhi trouxe estabilidade à província de Bengala e à cidade de Calcutá, na fronteira da Índia com a parte oriental do Paquistão, atual Bangladesh, enquanto uma força de cinqüenta mil soldados não conseguiu fazer o mesmo na província de Punjab, na fronteira com a parte ocidental do Paquistão. Lord Mountbatten, o vice-rei da Índia, referiu-se a Gandhi como seu "exército de um só homem".

O compromisso com o serviço pessoal requer que seja prestado através do contato direto com os beneficiários do serviço.

Assumir um Compromisso

Você e eu não temos que esperar por uma grande causa para nos comprometermos com o serviço pessoal. Ele pode começar pelos que nos cercam: nossa família e nossos amigos. Uma vez que sintamos a satisfação de cumprir com nossos pequenos compromissos, faremos mais.

No contexto da liderança política e empresarial, o compromisso com o serviço pessoal requer que seja prestado através do contato direto com os beneficiários do serviço. Isso significa um trabalho de "linha de frente" com clientes, funcionários, acionistas e fornecedores.

Muitos líderes empresariais já adotaram o conceito de prestar serviço pessoal. Observei executivos que dedicam tempo a receber pedidos e ouvir queixas de clientes; outros acompanham vendedores ou técnicos em visitas a clientes; e ainda outros respondem pessoalmente às preocupações de acionistas e funcionários. O desafio está em prestar serviço pessoal com regularidade.

Todos na organização, independente da posição que ocupam, podem comprometerse com um ato pessoal de serviço a cada dia. O problema não está na falta de tempo, mas na falta de vontade. É uma questão de prioridades. Sem dúvida, você pode reduzir algumas reuniões desnecessárias ou suas atividades políticas e sociais para encontrar tempo para o serviço direto aos funcionários, clientes, acionistas ou à comunidade. O simples passo de realizar um ato de serviço pessoal por dia o manterá em contato direto com o principal trabalho da liderança: o serviço.

O compromisso de Gandhi com o serviço pessoal começou em 1897, aos 28 anos. Na época, vivia em Durban, África do Sul, e vinha pensando em como servir aos seus irmãos seres humanos. Quando um leproso bateu-lhe à porta, Gandhi o acolheu, cobriu-lhe as feridas e passou a cuidar dele. Porém, logo percebeu que não conseguiria fazê-lo indefinidamente nas circunstâncias em que vivia. Trouxera consigo da Índia a família e praticava a advocacia. Internou o leproso em um hospital público e reorganizou o trabalho de advogado de modo a poder passar duas horas por dia em um hospital caritativo local para trabalhadores imigrantes, onde comunicava as queixas dos pacientes ao médico e administrava remédios. "Esse trabalho", Gandhi escreveu, "trouxe-me alguma paz."[24] Assim começou sua vida de serviço.

Existem diferentes níveis de compromisso com o serviço pessoal. Alguns indivíduos, dentro dos limites de suas outras obrigações, dedicam suas energias a ajudar os outros sem recompensa; outros recebem um mínimo de remuneração em troca. São esses os dois gru-

Todos na organização, independente da posição que ocupam, podem comprometer-se com um ato pessoal de serviço a cada dia.

pos de pessoas que devemos venerar. Infelizmente, muitos de nós tendemos a honrar quem dá dinheiro, sem o menor sacrifício, e não quem realmente presta serviços. Se honrássemos os que dão de si mesmos, aumentaríamos o nível de compromisso com o serviço na socicdade como um todo. O que determina o nível de nosso compromisso não é quanto damos, mas quanto damos do que temos.

O que determina o nível de nosso compromisso não é quanto damos, mas quanto damos do que temos.

Respeito ao Compromisso dos Outros

Um importante foco da vida de Gandhi foi melhorar a vida dos pobres que habitavam as aldeias da Índia. As condições de vida nessas aldeias eram primitivas e era mínimo o nível de educação e de conhecimentos de princípios de saúde pública. Gandhi caminhara pelas aldeias, conversara com seu povo e testemunhara as condições de vida. Ele sabia o que tinha que ser feito e exortou os indianos mais afortunados a dedicar algum tempo ajudando os aldeões a melhorar suas condições.

Mesmo assim, sentiu que não compreendia as dificuldades de viver e servir em uma aldeia. Ele vinha "conversando e dando conselhos sobre o trabalho nas aldeias sem enfrentar pessoalmente suas dificuldades".[25] Assim, em 1936, aos 65 anos, Gandhi — o líder mais proeminente da Índia — foi viver em uma típica aldeia indiana sem água corrente, eletricidade ou ruas pavimentadas. Foi mais do que um gesto; foi um compromisso.

Ao exortar os outros a servir, você deveria compreender o que está pedindo. Um líder comprometido com o serviço esforça-se para compreender as dificuldades da implementação. Se você fizer isso, quem implementar suas decisões estará mais propenso a apoiá-lo, pois você terá demonstrado o respeito pelo compromisso dele com o serviço. Quando você combina seu compromisso pessoal com o respeito pelo compromisso dos outros, desencadeia um efeito de bola de neve que criará um compromisso com o serviço por toda a organização.

Quando você combina seu compromisso pessoal com o respeito pelo compromisso dos outros, desencadeia um efeito de bola de neve que criará um compromisso com o serviço por toda a organização.

Ao exortar os outros a servir, você deveria compreender o que está pedindo. Um líder comprometido com o serviço esforça-se para compreender as dificuldades da implementação. Se você fizer isso, quem implementar suas decisões estará mais propenso a apoiá-lo, pois você terá demonstrado o respeito pelo compromisso dele com o serviço. Quando você combina seu compromisso pessoal com o respeito pelo compromisso dos outros, desencadeia um efeito de bola de neve que criará um compromisso com o serviço por toda a organização.

10

Compreenda as Necessidades das Pessoas Que Desejar Servir

Olhe abaixo da superfície e identifique as necessidades ocultas ou não-enunciadas que os outros não conseguem ver, e crie um vínculo com aqueles a quem estiver tentando servir.

Alguns meses após a partida de Gandhi de Bengala, um homem velho e pobre de uma aldeia remota procurou um dos indivíduos que estava continuando o trabalho de Gandhi e perguntou quando este voltaria. Ao receber uma resposta vaga, o ancião desabafou: "Se *ele* estivesse aqui, ao menos se importaria conosco. Quem mais sentirá nossos infortúnios?"[26]

Para entender as necessidades das pessoas a que serve, como Gandhi fez, você precisa envolver-se pessoalmente, falando com as pessoas e as ouvindo, observando e compartilhando suas experiências. Olhe abaixo da superfície e identifique as necessidades ocultas ou não-enunciadas que os outros não conseguem ver, e crie um vínculo com aqueles a quem estiver tentando servir. Pesquisas de opinião, de funcionários e de mercado podem ajudá-lo a entender as necessidades das pessoas. Para atingir um padrão de liderança mais elevado, você deve ir mais longe. *Sinta*, não apenas intelectualize, as necessidades das pessoas, quer atue nos negócios, na política ou no mundo acadêmico. Foi isso que Gandhi fez, razão pela qual um pobre e velho morador de uma aldeia remota acreditava que Gandhi, um líder mundial, preocupava-se com ele e entendia seu apuro.

Sinta, não apenas intelectualize, as necessidades das pessoas.

Observação Pessoal

A observação pessoal e um compromisso com a verdade permitem a um líder ver as coisas como realmente são, compreendendo as verdadeiras necessidades das pessoas. Os políticos devem dedicar tempo a ouvir os eleitores, executivos e gerentes devem reunir-se com funcionários e clientes, e os que projetam e fornecem bens e serviços devem ouvir os consumidores. Infelizmente, é fácil demais negligenciar essa tarefa ou confiá-la a terceiros. Mas você tem que despender algum tempo em meio às pessoas para obter um quadro real. Se seu compromisso pessoal em servir as pessoas não for visível, elas dificilmente compartilharão com você informações sobre suas necessidades mais profundas.

Quando Gandhi retornou da África do Sul para a Índia, em 1916, passou um ano viajando de trem pela Índia e Birmânia. Em 1927, percorreu novamente a Índia por dez meses para promover seu programa de roupas fiadas e tecidas à mão. Em 1933 e 1934, viajou outra vez pela Índia por sete meses em campanha contra a intocabilidade. Ao viajar de trem, Gandhi ia na terceira classe com os indianos mais pobres. Passou algum tempo em meio aos que viviam na pobreza — visitando-os nas aldeias e cabanas onde viviam —, adquirindo um conhecimento de primeira mão de suas vidas. Vestia-se como eles e chegava a pé — humildemente e com espírito de servir.

Através do contato pessoal com o povo, Gandhi identificou e nomeou os problemas reais da sociedade indiana: a prática da intocabilidade, um desinteresse pelo saneamento e higiene, a intolerância religiosa, a discriminação contra as mulheres e a exploração dos indianos pelos indianos. De todos os líderes políticos na Índia na época, Gandhi mais do que ninguém viu a independência em um contexto amplo que tinha que incluir a libertação do medo, da discriminação e da pobreza.

As observações pessoais de Gandhi levaram-no a outra percepção clara: os indianos haviam perdido a auto-estima. De que outro modo um país minúsculo como a Grã-Bretanha poderia governar um país como a Índia por quase duzentos anos? Os indianos — na visão de Gandhi — tinham que parar de ver os britânicos como de algum modo culturalmente superiores e desenvolver o amor pela própria língua, cultura e herança. A observação pessoal e o compromisso com a verdade permitiram que Gandhi visse a realidade — ou talvez forçaram-no a vê-la.

Podemos examinar as falhas das empresas e os erros nas políticas governamentais;

A observação pessoal e um compromisso com a verdade permitem a um líder ver as coisas como realmente são, compreendendo as verdadeiras necessidades das pessoas.

Cada passo que dermos — por menor que seja — para entender as necessidades das pessoas que procuramos servir aumentará nosso vínculo com elas e nos direcionará para um padrão de liderança mais elevado.

podemos discutir estratégias e táticas erradas. Mas se olharmos mais fundo, provavelmente veremos um fator comum: os líderes não viram a realidade. Na década de 1970, a indústria automobilística norte-americana não entendeu o cliente nem reconheceu a concorrência japonesa. Durante a Guerra do Vietnã, os Estados Unidos não aceitaram o fato de que o apoio vietnamita às políticas americanas havia declinado. Os líderes não estavam em campo com as pessoas a que supostamente serviam. Tampouco o compromisso com a verdade foi suficiente para reconhecerem os dados disponíveis. Para ter sucesso, você precisa entender as necessidades das pessoas — precisa comprometer-se com a observação pessoal e interpretar o que vê a partir de um compromisso com a verdade.

Identifique-se com as Pessoas

Gandhi foi além da observação pessoal, compartilhando as experiências das pessoas a que tentou servir. Viveu entre os intocáveis e realizou seu trabalho. Viveu entre os aldeões pobres. Quando foi a Calcutá acalmar a violência que ali grassava, viveu entre os muçulmanos em uma casa abandonada.

A experiência compartilhada cria a mais profunda compreensão e os mais duradouros vínculos. Vemos esse fato entre membros da família, colegas de trabalho, companheiros de equipe e soldados. O povo da Índia, especialmente os pobres, sentiu esse vínculo com Gandhi, reconhecendo nele um indivíduo realmente preocupado com seu bem-estar. Viram a personificação de todos os seus ensinamentos religiosos. Mas não era uma figura antiga, mitológica; ali estava alguém que *vivia* o que pregava.

O Prêmio Nobel Rabindranath Tagore captou a essência da influência de Gandhi sobre os pobres: "Ele parava na entrada das cabanas de milhares de desprovidos, vestido como um deles. Falava-lhes na própria linguagem deles. Ali estava enfim a verdade viva, e não apenas citações de livros. Por essa razão, o *Mahatma* [grande alma], nome que o povo da Índia lhe atribuiu, é seu nome real. Quem mais sentiu como ele que todos os indianos são sua própria carne e sangue?"[27]

A experiência compartilhada cria a mais profunda compreensão e os mais duradouros vínculos.

Gandhi estabeleceu um padrão que poucos de nós talvez sejamos capazes de atingir. Não obstante, podemos dar muitos pequenos passos para trilhar o caminho. Nos negócios, compartilhar a experiência significa pôr-se na pele do cliente, ser um cliente de sua própria empresa para adquirir a experiência de como os clientes são tratados ou trabalhar com os funcionários em projetos específicos para entender as suas dificuldades. Os políticos poderiam cogitar em viver com eleitores de baixa renda para entender as realidades da pobreza. Existem muitas oportunidades de compartilhar experiências, mas isso tem que ser feito com humildade e um espírito de servir. Cada passo que dermos — por menor que seja — para entender as necessidades das pessoas que procuramos servir aumentará nosso vínculo com elas e nos direcionará para um padrão de liderança mais elevado.

Existem muitas oportunidades de compartilhar experiências, mas isso tem que ser feito com humildade e um espírito de servir.

11

RECONCILIE PODER COM SERVIÇO

Um dos grandes desafios da liderança é desenvolver a harmonia entre serviço e poder necessária ao exercício da liderança.

Gandhi tinha poder, mas não tinha nenhum dos meios que normalmente associamos ao poder: riqueza, posição oficial, poder militar. Seu poder baseava-se tão-somente na disposição do povo de seguir sua liderança. Eles estavam dispostos a servi-lo porque sua vida era dedicada a servi-los.

Um dos grandes desafios da liderança é desenvolver a harmonia entre serviço e poder necessária ao exercício da liderança. O ideal é o poder derivado somente do serviço e usado somente para o serviço. É o poder que perdura pelos séculos. É o poder que influencia o espírito da humanidade.

Em qualquer contexto organizacional — desde os negócios e a política até a universidade e a família —, o poder está associado a posições na organização. A medida desse poder é a autoridade na tomada de decisões. Nas empresas, essa autoridade consiste em

Você pode exercer o poder através do controle ou através do serviço. O controle motiva as pessoas através de seus apegos. O serviço motiva as pessoas através de seu sentimento de obrigação pessoal e de um imperativo moral.

definir o rumo da empresa, a distribuição do trabalho, a alocação dos recursos e a carreira dos funcionários.

O poder propicia a autoridade para convencer as pessoas a agirem de modo a conduzir a empresa, ou qualquer organização, rumo aos seus objetivos. Você pode exercer o poder através do controle ou através do serviço. O controle motiva as pessoas através de seus apegos. Nas empresas, é exercido supervisionando-se os funcionários, determinando-se sua remuneração e oferecendo-se segurança no emprego. O serviço motiva as pessoas através de seu sentimento de obrigação pessoal e de um imperativo moral. É exercido dando-se o exemplo e adquirindo-se a autoridade moral para solicitar aos outros que assumam a responsabilidade individual.

A maior fonte de poder em qualquer organização é o poder pessoal: o caráter, a coragem, a determinação, os conhecimentos e as habilidades dos membros individuas da organização. Para conduzir a organização rumo aos seus objetivos, devemos aproveitar esse poder, e não enfraquecê-lo. Quando a liderança exerce o controle pela demagogia e pelo medo — exemplificados no caso extremo por Hitler e Stalin —, os indivíduos cedem seu poder pessoal ao líder. A organização sofre então da falta de espírito, de criatividade e compromisso que esses indivíduos possam ter proporcionado. Ao equilibrar controle e serviço, o líder consegue exercer a autoridade da tomada de decisões sem diminuir o poder pessoal do indivíduo.

Reconciliação do Poder com o Serviço

Gandhi propôs o conceito de *procurador* para reconciliar os problemas do poder, da riqueza e do talento com o serviço. Ele passou a vida como procurador da humanidade. Seus talentos, seu poder e sua influência foram todos usados em benefício da humanidade, não visando a ganhos pessoais.

Não é necessário tamanho nível de compromisso para viver uma vida de serviço. Entretanto, extraímos uma importante lição do exemplo de Gandhi. O poder lhe é concedido por outrem. Ele não é seu; ele lhe é confiado e representa uma grande responsabilidade. O poder deve ser usado em benefício daqueles de quem você é procurador.

Muitos executivos de empresas se vêem como procuradores dos acionistas, devendo administrar o capital fornecido por estes. Mas os líderes empresariais devem ter a mesma atitude em relação ao trabalho realizado pelos funcionários, aos recursos usados para fornecer bens e prestar serviços, à confiança dos clientes no produto e ao relacionamento da empresa com a comunidade e o meio ambiente.

A maior fonte de poder em qualquer organização é o poder pessoal: o caráter, a coragem, a determinação, os conhecimentos e as habilidades dos membros individuas da organização.

O poder lhe é concedido por outrem. Ele não é seu; ele lhe é confiado e representa uma grande responsabilidade. O poder deve ser usado em benefício daquele de quem você é procurador.

A liderança não é uma técnica. É uma forma de vida — da família ao mais alto cargo do país. O poder e o privilégio advindos da liderança têm o potencial de corromper um líder. Mas o conceito de procurador permite a um líder conciliar o poder com o espírito de servir.

PARTE 3

Decisões e Ações Impostas por Princípios Morais

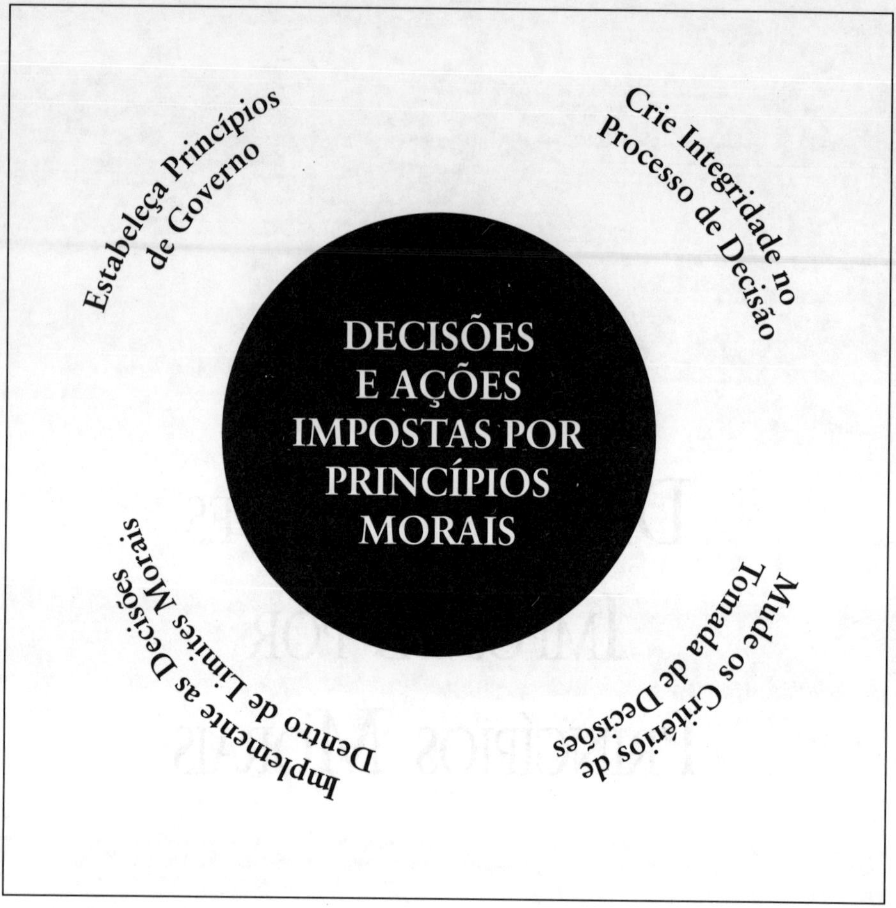

DECISÕES E AÇÕES IMPOSTAS POR PRINCÍPIOS MORAIS
Estabeleça Princípios de Governo
Crie Integridade no Processo de Decisão
Mude os Critérios de Tomada de Decisões
Implemente as Decisões Dentro de Limites Morais

Gandhi era um homem de ação. Ele implementava cada idéia que adotava, mas cada ação que tomava tinha que passar pelo teste do compromisso com a verdade e a não-violência. Quer fosse um movimento de protesto em escala nacional ou uma decisão pessoal ligada à sua saúde ou dieta, Gandhi avaliava cada decisão em relação aos critérios da verdade e da não-violência.

As ações definem a liderança e as decisões são as precursoras da ação. Decida para onde quer ir: esse é seu objetivo. Decida como chegará lá: essa é sua estratégia. Depois faça o que disse que faria. Você precisa monitorar os resultados e adaptar-se à mudança das circunstâncias. Mas para atingir um padrão de liderança mais elevado, você também tem que considerar a dimensão moral em todas as decisões e ações.

Incluir a dimensão moral requer avaliar as decisões e ações em relação aos valores absolutos da verdade e da não-violência e ao código universal de conduta: tratar os outros como a nós mesmos. Temos de nos lembrar que a não-violência significa o amor positivo pela humanidade e a ausência de exploração. Temos que ser explícitos em nosso compromisso de considerá-los como critérios de tomada de decisões nas esferas dos negócios e da política.

Com grande freqüência, a dimensão moral é ignorada ao tomarmos decisões de negócios ou políticas. Mas essas decisões exercem um impacto sobre as outras pessoas e, portanto, têm uma dimensão moral. Não podemos escapar dessa realidade.

A maior parte de nossa vida passa-se no trabalho. Se nosso trabalho carecer de uma dimensão moral, não será provável que o conteúdo moral do resto de nossas vidas declinará?

> *Incluir a dimensão moral em nossas decisões pode ser difícil. Mas decisões que afetam as vidas de outras pessoas não deveriam ser fáceis.*

Tampouco podemos escapar do fato de que incluir a dimensão moral em nossas decisões pode ser difícil. Mas decisões que afetam as vidas de outras pessoas não deveriam ser fáceis.

A maior parte de nossa vida passa-se no trabalho. Se nosso trabalho carecer de uma dimensão moral, não será provável que o conteúdo moral do resto de nossas vidas declinará? Como pais, a influência moral sobre nossos filhos não declinará e a fibra moral de nossa sociedade — de que os negócios e a política são um importante componente — não se deteriorará?

Fundamental ao pensamento de Gandhi era sua crença na bondade do indivíduo. Ele acreditava que os indivíduos *querem* trabalhar pelo bem comum. Por isso, conclamou as pessoas a sacrificarem-se para conseguir a independência e melhorar a vida dos pobres e apelou para o sentimento de honra e a consciência de seus oponentes. Como resultado, muitos deram ouvidos ao seu clamor por sacrifício e seus oponentes, embora céticos de início, sempre o trataram com cortesia e respeito.

Incluir a dimensão moral em nossas decisões e ações também fará aflorar o melhor de nós. Far-nos-á pensar e agir além dos interesses empresariais e políticos estreitamente definidos e dar significado e propósito às nossas vidas de trabalho.

Após examinar como Gandhi manteve-se fiel ao compromisso com a verdade e a não-violência nas decisões e ações, identifiquei quatro passos que ajudarão os outros a trazer a dimensão moral aos seus papéis como líderes na sociedade:

- Estabeleça princípios de governo.
- Crie integridade no processo de decisão.
- Mude os critérios de tomada de decisões.
- Implemente as decisões dentro de limites morais.

Esses quatro passos, além de criarem o arcabouço para os líderes continuarem no caminho de um padrão de liderança mais elevado, também fornecem à organização um fundamento para apoiar os que optaram por trilhar tal caminho.

Incluir a dimensão moral em nossas decisões e ações também fará aflorar o melhor de nós. Far-nos-á pensar e agir além dos interesses empresariais e políticos estreitamente definidos e dar significado e propósito às nossas vidas de trabalho.

12

Estabeleça Princípios de Governo

> *Os princípios de governo estabelecem os limites e as restrições às metas que fixamos e às ações que tomamos para atingir essas metas.*

Os princípios de governo estabelecem os limites e as restrições às metas que fixamos e às ações que tomamos para atingir essas metas. Em um nível de política nacional, nossos princípios de governo estão consignados na Constituição. Qualquer que seja nosso objetivo, seja reduzir a criminalidade ou estimular a economia, nossas ações devem ser conduzidas dentro dos limites fixados pela Constituição.

Com base nos valores absolutos da verdade e da não-violência e no código universal de conduta, proponho estes três princípios de governo que, se seguidos, contribuirão para manter-nos no caminho para um padrão mais elevado:

- Inclua critérios morais ao avaliar decisões e ações.
- Reconheça a fusão de fins e meios.
- Respeite o bem intrínseco em cada indivíduo.

A direção moral definida por nossas decisões e ações determina a natureza da sociedade em que vivemos.

Inclua Critérios Morais ao Avaliar Decisões e Ações

Em um nível pessoal, o compromisso de Gandhi era para com uma vida moral. Ele definiu a realização pessoal em termos de sua adesão aos critérios morais da verdade e da não-violência. Considerações econômicas tinham pouco ou nenhum peso. O exemplo de Gandhi pede-nos, como indivíduos com metas profissionais, que incluamos um compromisso com uma vida moral, levando em conta critérios morais ao buscarmos nossas metas. Temos que nos perguntar o que estamos dispostos a fazer para sermos bem-sucedidos.

Como uma sociedade, vemo-nos ante uma gama crescente de opções baseadas na ciência e na tecnologia, de avanços na genética a avanços nas telecomunicações e nos armamentos. Agora, mais do que nunca, nossos princípios de governo devem incluir princípios morais.

A direção moral definida por nossas decisões e ações determina a natureza da sociedade em que vivemos. Para desfrutar dos ganhos econômicos pelos quais todos trabalhamos tão arduamente, temos que viver em uma sociedade civilizada. E não podemos esperar criar uma sociedade civilizada se não trouxermos uma dimensão moral aos nossos ambientes de trabalho.

Nos negócios, assim como avaliamos nossas decisões e ações por critérios econômicos, devemos também avaliá-las por critérios morais. Toda empresa assume o compromisso de ser lucrativa. Assumir também um compromisso de ser uma empresa moral requer que as decisões e ações sejam avaliadas com base em critérios morais. Os critérios morais para os negócios incluem a veracidade entre a empresa e seus clientes e acionistas e entre a gerência e os funcionários. Eles também incluem a não-violência, eliminando-se a exploração dos funcionários, da sociedade e do meio ambiente. Não é necessário comprometer-se com a perfeição, mas com o progresso. Para isso, temos que monitorar nosso progresso, avaliando nosso desempenho em relação aos critérios morais.

> *Toda empresa assume o compromisso de ser lucrativa. Assumir também um compromisso de ser uma empresa moral requer que as decisões e ações sejam avaliadas com base em critérios morais.*

Reconheça a Fusão de Fins e Meios

Geralmente, pensamos nas metas e nos meios de alcançá-las de forma seqüencial. Isso em si não apresenta problema. É quando não aplicamos os mesmos padrões aos fins e aos meios que corremos o risco de diminuir nosso padrão de liderança. Os valores da verdade e da não-violência devem aplicar-se a ambos.

Gandhi não estava disposto a transigir nos meios, por mais nobre que fosse a causa. Por exemplo, ao liderar a luta da Índia pela independência em relação aos britânicos, recusou-se a participar do embuste e da violência ou a tolerá-los, ainda que motivados pelo patriotismo. Gandhi preocupava-se não apenas com a violência física; preocupava-se igualmente com a violência contra o espírito humano através da explora-

É quando não aplicamos os mesmos padrões aos fins e aos meios que corremos o risco de diminuir nosso padrão de liderança. Os valores da verdade e da não-violência devem aplicar-se a ambos.

ção, da humilhação e do medo. Acreditava que, se o movimento da independência lançasse mão de meios violentos e mentirosos para atingir sua meta, a sociedade criada estaria predisposta a aceitar a eficácia da mentira e da violência como meios de atingir suas metas. Diante da violência crescente que nos cerca, começamos a reconhecer a verdade da mensagem de Gandhi.

Nossa própria sociedade ocidental tem uma longa tradição de uso e glamourização da violência e de práticas enganosas para atingir resultados. No mundo dos negócios, algumas empresas encorajam a violência psicológica, recompensando executivos que atingem metas econômicas humilhando as pessoas e motivando-as através do medo. Se encorajamos a violência no local de trabalho, como eliminá-la de nossa sociedade?

Nas empresas, a avaliação do desempenho e o sistema de recompensas baseiam-se, primariamente, no alcance de metas econômicas como receitas, lucratividade, cotas de vendas e metas de custos. Isso tem muitas vezes resultado em práticas desonestas — pedidos não-confirmados contabilizados como receitas, práticas de vendas enganosas para cumprir as cotas de vendas individuais, transferências de receitas e de despesas no final do ano — para a obtenção de recompensas.

Tais práticas enganosas nos negócios e na política, bem como a exploração das mulheres, das minorias e do meio ambiente, criam o ceticismo e a desesperança que promovem — mas nunca justificam — a violência. Como líderes empresariais, temos que lutar contra essas práticas para termos credibilidade ao condenarmos a violência física que está se tornando predominante na sociedade. Para isso, temos que aplicar o teste dos valores absolutos tanto aos fins como aos meios.

Respeite o Indivíduo

Gandhi acreditava no bem intrínseco em cada indivíduo — na universalidade da humanidade. Ele pedia aos indivíduos que buscassem a verdade que estava dentro deles e que agissem de acordo com suas consciências. Durante grande parte da vida, tentou convencer as pessoas a reconhecerem o bem nos outros, a rejeitarem as diferenças baseadas em casta, religião e posição social e a trabalharem pelo bem-estar de todos.

Temos que nos perguntar o que estamos dispostos a fazer para sermos bem-sucedidos.

Gandhi não apenas apelou para o melhor em seus seguidores, como também para o melhor em seus oponentes. Quer na luta pela independência, pela abolição da intocabilidade ou pela harmonia comunal, Gandhi apelava para a consciência e a moralidade dos oponentes. Ele procurava convertê-los, não coagi-los.

Nos negócios, o respeito pelo indivíduo significa reconhecer que todo indivíduo deseja realizar um bom trabalho e contribuir para o sucesso da organização. Trata-se de um recuo significativo da idéia de que as pessoas não querem trabalhar e têm que ser constantemente monitoradas e supervisionadas. O respeito pelo indivíduo significa que

Nos negócios, o respeito pelo indivíduo significa reconhecer que todo indivíduo deseja realizar um bom trabalho e contribuir para o sucesso da organização.

a liderança proporciona aos funcionários as ferramentas e o treinamento para realizarem bem seu trabalho, além de algumas alternativas de como realizar suas tarefas; pois quem realiza o trabalho consegue muitas vezes encontrar meios de realizá-lo melhor. Cada indivíduo também deveria ser capaz de avaliar como seu trabalho contribui para o sucesso da organização. Quando os funcionários se sentem competentes, dispõem de alternativas e sabem que estão dando uma contribuição, gostam do trabalho e atingem o nível mais produtivo.

Uma empresa que apela para o melhor em seus funcionários pedirá aos membros dos diferentes departamentos, grupos ou divisões que subordinem os interesses específicos do grupo ao bem do todo. A liderança deve proporcionar o sistema e o apoio para as pessoas trabalharem pelo bem comum, criando um espírito de comunidade — sem o qual interesses de grupos concorrentes poderiam ameaçar a sobrevivência do todo. Das grandes corporações, como a Coca-Cola e a General Electric, às pequenas empresas iniciantes, o conceito da organização sem costuras ou fronteiras é agora saudado como a organização do futuro.

Mudanças organizacionais não são suficientes. Um espírito de comunidade tem que ser criado para que o todo seja maior do que a soma de suas partes. O papel da liderança na criação desse espírito é reconhecer e respeitar a contribuição de cada indivíduo para o sucesso da empresa. Como um líder empresarial, esse respeito tem que estar presente em todas as suas interações com os funcionários.

As empresas estão começando a cooperar entre si em questões sociais e, em parcerias com o setor público, a criar programas para proteger o meio ambiente, melhorar os padrões educacionais e desenvolver formas melhores de assistência médica. Oportunidades de apelar para o melhor nas pessoas existem em todos os campos de atividade.

Com esses três princípios de governo — inclusão de critérios morais na avaliação de decisões e ações, fusão de fins e meios e respeito pelo indivíduo —, você estabeleceu a plataforma a partir da qual liderará. Isso é mais do que estilo de liderança; é a *essência* de sua liderança.

Mudanças organizacionais não são suficientes. Um espírito de comunidade tem que ser criado para que o todo seja maior do que a soma de suas partes.

em todas as suas interações com os funcionários.

As empresas estão começando a preocupar-se com questões sociais e, em parcerias com o setor público, a criar programas para proteger o meio ambiente, melhorar os padrões educacionais e desenvolver formas melhores de assistência médica. Oportunidades de apelar para o melhor nas pessoas existem em todos os campos de atividade.

Com esses três princípios de governo — inclusão de critérios morais na avaliação de decisões e ações, [illegible] e respeito pelo indivíduo —, você estará [illegible] plataforma a partir da qual liderará. Isso é mais do que estilo de liderança; é a essência da liderança.

13

Crie Integridade no Processo de Decisão

Em uma sociedade livre, o apoio a uma decisão depende da confiança na integridade do processo.

Nos negócios, a velocidade é uma arma competitiva — a tomadas de decisões rápida e eficaz é essencial para o sucesso. Por conseguinte, um objetivo básico no projeto de um processo de tomada de decisões é o senso de oportunidade. Mas se quisermos progredir para um padrão de liderança mais elevado, o senso de oportunidade não será suficiente. O processo de decisão deve ter integridade, e assim ser visto por todos — não a integridade baseada no cumprimento de exigências legais e regulamentárias, mas a integridade baseada em princípios morais.

Por que precisamos de integridade no processo? Em uma sociedade livre, o apoio a uma decisão depende da confiança na integridade do processo. Sem tal apoio, as decisões não conseguem ser implementadas de modo eficaz.

Para se criar integridade no processo de decisão, a primeira exigência é que os indivíduos que participam do processo sejam íntegros. Ao mesmo tempo, o processo deve apoiar e reforçar a integridade de todos os participantes.

Assim como a integridade das decisões individuais é governada por valores pessoais, o processo de decisão deve ser governado por valores de processo. Trata-se de extensões lógicas de nosso compromisso com um padrão único: verdade na coleta e interpretação dos dados e abertura sobre o processo. Todos os participantes do processo de tomada de decisões têm a responsabilidade de pôr em prática esses valores, mas é a liderança que deve dar o tom. Se quisermos eficácia na obtenção de apoio para nossas decisões, teremos que criar um processo de decisão que tenha integridade e que seja visto dessa forma por todos.

Para se criar integridade no processo de decisão, a primeira exigência é que os indivíduos que participam do processo sejam íntegros.

Verdade na Coleta e Interpretação dos Dados

O trabalho de Gandhi em prol dos fazendeiros de anil de Champaran ilustra seu compromisso com a verdade na coleta e interpretação de dados. Champaran era um distrito rural em Bihar, uma província no nordeste da Índia. Grande parte da terra era cultivada por arrendatários para proprietários de terras europeus. Os camponeses tinham que plantar uma parte da terra com anil, um cultivo bastante lucrativo, e entregá-lo aos proprietários das terras como aluguel. Entretanto, quando o anil sintético tornou-se disponível nos mercados mundiais, o anil natural deixou de ser um cultivo rentável, de modo que os proprietários de terras converteram a exigência do anil em pagamentos em dinheiro ou aumentaram os aluguéis mas continuaram exigindo que os camponeses plantassem anil no que eram geralmente suas melhores terras. As obrigações financeiras com que os camponeses tinham que arcar criaram um sistema feudal em que tudo que os camponeses possuíam estava sujeito à taxação e ao confisco pelos proprietários de terras.

Um agricultor local, Rajkumar Shukla, que conhecia o trabalho de Gandhi pró-direitos civis dos indianos residentes na África do Sul, procurou Gandhi, pedindo-lhe ajuda para remediar as injustiças em Champaran. Isso se deu em 1916. Gandhi acabara de retornar da África do Sul e nada conhecia sobre as plantações de Champaran. Nem imaginara que os pequenos pacotes de anil que vira nos mercados foram produzidos com tamanho sacrifício de milhares de pessoas.

Em 1917, Gandhi foi para Champaran. Sua primeira tarefa foi coletar dados. Recrutou um grupo de indivíduos compromissados com uma vida simples de realização de serviços para entrevistar os aldeões. Gandhi queria que observassem pessoalmente as condições de vida dos camponeses. Eles foram instruídos a abordar os aldeões com humildade e espírito de servir. Somente então, Gandhi lhes explicou, poderiam esperar que os aldeões se abrissem e lhes contassem as verdadeiras preocupações.

Assim como a integridade das decisões individuais é governada por valores pessoais, o processo de decisão deve ser governado por valores de processo.

A verdade nos dados e nas opiniões promove uma melhor tomada de decisões. Quando vemos a situção como realmente é, a decisão é forjada na bigorna do debate verdadeiro.

Gandhi também visitou as aldeias pessoalmente e viu o saneamento inadequado, o analfabetismo e a assistência médica precária — nada disso causado somente pela exigência de plantar anil. Encontrou-se com os proprietários de terras e as autoridades britânicas locais, assegurando-se de ter ouvido todos os pontos de vista e não assumindo nenhuma posição enquanto não coletasse todos os fatos. Depois, com seu grupo de voluntários (alguns deles advogados), preparou e apresentou mais de dez mil depoimentos especificando as injustiças contra os camponeses. Negociações foram conduzidas com os proprietários de terras e o governo, uma comissão sendo designada para investigar o caso e recomendar ações. Como resultado, o sistema de plantação de anil foi abolido e o governo pagou aos camponeses uma indenização parcial por injustiças do passado.

Teria sido fácil culpar os proprietários de terras por todos os problemas que Gandhi viu em Champaran, mas isso teria violado seu compromisso com a verdade. Os proprietários eram claramente responsáveis pelo problema do anil, mas Gandhi reconheceu que os problemas do analfabetismo e do saneamento tinham que ser solucionados pelos próprios aldeões com ajuda de seus conterrâneos. Portanto, Gandhi limitou a discussão com os proprietários de terras e as autoridades britânicas ao problema do anil e, independentemente, criou programas de melhoria do saneamento, da assistência médica e da educação. A disposição de Gandhi de enfrentar todos os fatos foi a prova de seu real intento: servir os camponeses. Assim, tanto os camponeses como o governo confiaram na integridade do processo.

Os líderes com freqüência assumem uma posição defensiva e negligenciam fatos que não respaldam sua posição. Porém, reconhecendo a verdade na coleta e na interpretação dos dados, os líderes, além de ver as questões em um contexto mais amplo, criam integridade no processo.

Reconhecendo a verdade na coleta e na interpretação dos dados, os líderes, além de ver as questões em um contexto mais amplo, criam integridade no processo.

Como um líder, você pode não querer adotar um ponto de vista impopular, revelar realidades duras ou ir de encontro à sabedoria predominante, por não querer arriscar sua posição de liderança. Contudo, sua responsabilidade é grande. Se você definir os rumos, a análise e o apoio aparecerão por toda a organização *mesmo que você esteja errado*. Os que não ocupam posições de poder acharão difícil discordar — ser verdadeiros — temendo por suas carreiras e seus futuros.

A interpretação verdadeira dos dados requer coragem. Os indivíduos com conhecimentos e informações especializados devem ter a coragem de enunciar suas opiniões, mesmo que estejam em conflito com as preferências dos líderes. Os líderes precisam de coragem para mudar de rumo quando os dados o justificarem.

A verdade nos dados e nas opiniões promove uma melhor tomada de decisões. Quando reconhecemos todos os fatos, in-

A abertura pode ser derrotada pela complexidade. Os processos tecnicamente abertos podem ser tão difíceis de entender, que na realidade são sigilosos.

clusive nossas próprias deficiências, temos a base para a tomada de decisões eficaz. Quando a força da persuasão moral está do nosso lado, podemos apelar à consciência dos outros. Quando vemos a situação como realmente é, a decisão é forjada na bigorna do debate verdadeiro.

Abertura no Processo de Decisão

Um líder comprometido com um padrão único tem o compromisso de minimizar o sigilo e de promover a abertura no processo de decisão. A abertura é uma ajuda essencial à integridade pessoal dos líderes. Além de impor disciplina ao processo, revelando quaisquer favorecimentos a grupos de interesses especiais, revela também a intenção dos grupos de interesses de sacrificar o bem comum pelo ganho pessoal.

A abertura pode ser derrotada pela complexidade. Os processos tecnicamente abertos podem ser tão difíceis de entender, que na realidade são sigilosos. Algumas de nossas tomadas de decisões legislativas enquadram-se nessa categoria. O processo é sujeito à avaliação pública, mas a complexidade do processo através de audiências, reuniões de comissões e acordos e concessões de última hora tornam-no extremamente difícil de avaliar. Se não pudermos explicar o processo em termos simples, estaremos pedindo às pessoas que tenham fé. E quem entre nós tem a estatura para pedir por fé?

Se quisermos reduzir a influência dos grupos de interesses especiais no processo de tomada de decisões, primeiro teremos que reconhecer quem são esses grupos de interesses especiais. Somos nós. São as empresas para as quais trabalhamos, as comunidades em que vivemos, as organizações a que pertencemos. *Nós* somos os grupos de interesses especiais de que reclamamos.

Em princípio, não há nada de errado no fato de as pessoas se organizarem para defender seus pontos de vista. Infelizmente, muitas vezes solicitam-nos que exerçamos nossa influência através de contribuições financeiras, em vez do debate verdadeiro, e com freqüência colocamos nosso interesse acima do bem comum.

Nas empresas, o progresso na carreira é um interesse especial, bem como as alocações de recursos aos vários departamentos ou grupos. Temos que nos precaver contra tomar decisões ou tentar influenciar as decisões de modo a privilegiar nossos interesses especiais em detrimento dos interesses da empresa como um todo. A abertura do processo de decisão ajudará nisso.

Todos compartilhamos com nossos líderes a responsabilidade por manter a abertura no processo de decisão. Como indivíduos, temos que ter cuidado para não enfatizar nossos interesses especiais acima do bem comum; senão, desencorajaremos nossos líderes de manter a abertura no processo de decisão. Como líderes, temos que dar um exemplo, estando dispostos a explicar o pro-

> *Se quisermos reduzir a influência dos grupos de interesses especiais no processo de tomada de decisões, primeiro teremos que reconhecer quem são esses interesses especiais. Somos nós.*

cesso de decisão e encorajando os outros a fazer o mesmo. A abertura permite que todos os envolvidos no processo avaliem a decisão. Ela cria um sentimento de integridade em relação ao processo — ela promove a confiança.

A abertura permite que todos os envolvidos no processo avaliem a decisão. Ela cria um sentimento de integridade em relação ao processo – ela promove a confiança.

14

Mude os Critérios de Tomada de Decisões

> "Lembre-se do rosto do mais pobre e fraco homem que porventura tenha visto e pergunte a si mesmo se o passo que você pensa em dar terá algum valor para ele."

Uma vasta bibliografia e grande *know-how* estão disponíveis sobre a tomada de decisões — como as pessoas tomam e deveriam tomar decisões —, sendo habilmente empregados pelos líderes nas empresas e na política. Mas não são as técnicas de tomada de decisões que precisam mudar — são os critérios. Temos que incluir a verdade e a não-violência, o código universal de conduta (tratar os outros como a nós mesmos) e o espírito de servir.

Quando um de seus trabalhadores pediu-lhe ajuda na tomada de decisões, Gandhi lhe disse: "Vou lhe dar um talismã. Sempre que estiver em dúvida ou que o ego extrapolar seus limites, aplique o seguinte teste. Lembre-se do rosto do mais pobre e fraco homem que porventura tenha visto e pergunte a si mesmo se o passo que você pensa em dar terá algum valor para *ele*. Ele ganhará alguma coisa com isso? Recuperará o controle sobre a própria vida e o próprio desti-

> *Quando incluímos critérios morais nos negócios, assumimos um compromisso de fazer o que é certo. Isso exigirá certas opções espinhosas, que poderão incluir o sacrifício de alguns ganhos econômicos a curto prazo.*

no? Em outras palavras, sua ação trará a *swaraj* [liberdade] para os milhões de material e espiritualmente famintos? Então, você descobrirá suas dúvidas e seu ego se desvanecendo."[28]

Os critérios de Gandhi corporificavam um espírito de servir aplicável nos negócios a todos os envolvidos (*stakeholders*) e na política a todos os eleitores.

Quando incluímos critérios morais nos negócios, assumimos um compromisso de fazer o que é certo. Isso exigirá certas opções espinhosas, que poderão incluir o sacrifício de alguns ganhos econômicos a curto prazo. Para tomá-las de forma eficaz, deveremos incorporar valores absolutos e o código universal de conduta ao estabelecer as metas e forjar a estratégia.

Estabelecimento de Metas

Geralmente concordamos que as metas nas empresas, no governo e em nossas vidas pessoais deveriam ser limitadas por padrões morais e por restrições legais. Porém, pouquíssimos de nós tomam iniciativas para desenvolver uma vida moral. Por alguma razão, relutamos em fixar metas baseadas em princípios morais. Tememos não conseguir atingi-las? Isso acontece o tempo todo com as metas econômicas e não nos detém. Talvez temamos medir nosso desempenho com base em metas derivadas de princípios morais pelo que isso poderia nos revelar sobre quem somos como seres humanos. Talvez temamos olhar naquele espelho. Mas para progredirmos a um nível de liderança mais elevado, teremos que superar esse medo e incluir metas derivadas de princípios morais em nossas empresas e em nossas vidas.

A meta de Gandhi para seus *ashrams* era que se sustentassem economicamente, ao mesmo tempo em que os habitantes progredissem espiritualmente. Para atingir essa meta, ele estabeleceu um "balanço espiritual" como complemento do balanço financeiro, a fim de medir o progresso na dimensão espiritual. "Todos deveriam preparar tal balanço para si e todos nós conjuntamente para o *ashram* como um todo", escreveu. "Se não seguirmos essa prática, acabaremos espiritualmente falidos."[29]

Com o balanço espiritual, além de gerar um padrão de conduta moral muito elevado no *ashram*, Gandhi também desenvolveu um grupo de indivíduos extremamente disciplinados e dedicados. Em todas as tarefas difíceis que assumiu — em que eram essenciais a completa adesão à verdade e à não-violência —, Gandhi pôde contar com indivíduos treinados no *ashram* a liderar os outros na resistência não-violenta.

Os indivíduos e grupos fazem progressos morais quando a liderança estabelece metas e dá o exemplo. Por exemplo, nos últimos 25 anos, muitas empresas que negligenciavam o meio ambiente passaram a protegê-lo ativamente. A maioria das grandes empresas tem agora metas que exigem a minimização do impacto negativo de suas atividades sobre o meio ambiente. Essas

Os indivíduos e grupos fazem progressos morais quando a liderança estabelece metas e dá o exemplo.

empresas estão no caminho de um padrão mais elevado.

Além de estabelecer metas com uma dimensão moral, temos também que desenvolver indicadores de desempenho.

Além de estabelecer metas com uma dimensão moral, temos também que desenvolver indicadores de desempenho. Nas empresas, já o fizemos, estabelecendo metas específicas e mensuráveis de desempenho em áreas como finanças, marketing, produção e desenvolvimento de produtos. Das declarações de metas genéricas de crescimento e lucratividade, passamos para medições detalhadas da participação no mercado e da lucratividade por produto e por segmento de mercado. Metas para a qualidade foram convertidas em medições detalhadas dos componentes e das especificações de desempenho. Consideramos isso agora normal, mas foram precisos grande esforço e muitos anos para progredir das declarações gerais de desempenho desejável para indicadores de desempenho específicos. O novo desafio para a liderança é fazer o mesmo com os valores absolutos, extraindo objetivos específicos e indicadores de desempenho.

Se, por exemplo, a verdade for um dos princípios morais que adotarmos, teremos que derivar metas baseadas nesse princípio e formas de medir nosso desempenho. Examinando o relacionamento de uma empresa com os clientes, identificamos facilmente três áreas onde a verdade é importante: verdade na publicidade, verdade na embalagem e verdade na venda pessoal. Consideremos nosso compromisso com a qualidade total, em que tentamos obter produtos com "zero defeitos". Por que não fixar padrões semelhantes de "zero defeitos" para a "verdade em relação aos clientes"? Podemos formar grupos independentes com autoridade para corrigir declarações e apresentações falsas, para avaliar publicidades, embalagens e vendas propostas e para determinar se houve desvio da verdade. Podemos aplicar a mesma abordagem à eliminação da discriminação e do assédio sexual e ao aumento da segurança dos produtos.

Já consigo ouvir as objeções de que isso custará caro demais. Foi a mesma objeção que ouvimos quando da introdução dos princípios da qualidade total. Agora sabemos que acertar de primeira é bem mais econômico do que corrigir o problema posteriormente. Alguns poderão objetar que será difícil desenvolver indicadores quantificáveis para metas morais. Mas já sabemos que as medidas podem incluir avaliações subjetivas: a maioria dos planos de incentivo e dos sistemas de avaliação de desempenho requerem algum julgamento subjetivo, e tais planos e sistemas são comuns nas empresas e no governo.

A sociedade está interligada. Práticas fraudulentas pelas empresas e pelo governo aparentemente podem não prejudicar ninguém, mas elas permeiam o sistema e rebaixam os padrões morais da sociedade. Quando tentamos corrigir o comportamento imoral, somos lembrados de que "todo mundo age assim". É hora de tomarmos uma posição e de fixarmos metas específicas baseadas em princípios morais.

Consideremos nosso compromisso com a qualidade total, em que tentamos obter produtos com "zero defeitos". Por que não fixar padrões semelhantes em relação aos clientes"?

A sociedade está interligada. Práticas fraudulentas pelas empresas e pelo governo aparentemente podem não prejudicar ninguém, mas elas permeiam o sistema e rebaixam os padrões morais da sociedade.

Inclusão de Princípios Morais ao Forjar uma Estratégia Eficaz

Em 1930, o Congresso Nacional Indiano, a maior organização política em luta pela independência indiana, autorizou Gandhi a iniciar uma campanha de desobediência civil. Para Gandhi, a desobediência civil era o último recurso. Como um indivíduo comprometido com a verdade e com a não-violência, queria dar aos oponentes — os britânicos — a oportunidade de uma solução negociada. Por conseguinte, Gandhi propôs um programa de onze pontos que, se aceito pelos britânicos, eliminaria a necessidade de desobediência civil imediata e permitiria o prosseguimento das negociações pela independência.

Os onze pontos selecionados por Gandhi afetavam os indianos em suas vidas diárias. Ele não pediu aos britânicos que se retirassem, nem mencionou a independência. Pelo contrário, propôs-lhes uma alternativa viável à independência e à retirada imediatas. Mas eles não aceitaram o programa proposto por Gandhi, de modo que este sentiu-se moralmente justificado em lançar a desobediência civil.

Gandhi acreditava que qualquer lei que planejasse infringir — ou encorajar os outros a infringir — deveria ser considerada injusta em termos de consciência. Além disso, todas as formas de protesto deveriam ser não-violentas. Uma estratégia que não se conformasse a esses padrões morais não seria empregada. Após considerar cuidadosamente várias opções, Gandhi optou por basear sua campanha na abolição da lei da taxação do sal.

O governo detinha o monopólio do refino do sal e proibia particulares de preparar sal mesmo para consumo próprio. Além disso, o preço do sal embutia um imposto que fornecia uma receita aos administradores britânicos (um dos impostos mais extravagantes do mundo na época) e exercia um terrível impacto sobre os indianos mais pobres em particular.

A maioria dos políticos não entendeu por que Gandhi fez da taxação do sal a base da luta, mas a escolha foi brilhante. Por não requerer nenhuma tecnologia, qualquer um podia participar do protesto fazendo seu próprio sal; devido ao monopólio do governo, o protesto não representava nenhuma ameaça aos interesses das empresas indianas; e como todos precisavam do sal e o usavam, o protesto exerceu um apelo emocional.

Gandhi selecionou um grupo de cerca de oitenta indivíduos treinados e comprometidos com a não-violência para marchar com ele os 386 quilômetros do *ashram* em Ahmedabad até Dandi, na costa oeste, onde propositadamente infringiriam a lei extraindo sal do mar. Além disso, conclamou todos os que tivessem a oportunidade que, quando ele alcançasse Dandi e infringisse a lei, fizessem o mesmo, preparando sal e vendendo-o. Com isso, criou uma imensa expectativa e, durante um mês inteiro, a imprensa nacio-

Quando sua estratégia inclui um compromisso com princípios morais, desperta o respeito de seus oponentes — diminuindo, se não eliminando, a má vontade porventura existente.

A incorporação de valores morais à estratégia motiva as pessoas em todos os níveis de todos os tipos de organização — empresarial, política ou acadêmica —, devido ao seu apelo ao que é básico em todos nós: o desejo de fazer o que sabemos que é certo.

nal e internacional seguiu o pequeno grupo de andarilhos pacíficos desafiando o maior império da história do mundo.

Quando Gandhi alcançou Dandi, pessoas por toda a Índia começaram a preparar seu próprio sal — no que se tornou o maior movimento de protesto jamais liderado por Gandhi. Um mês depois, ele foi detido e mandado para a prisão e, em poucos meses, outros cem mil indianos haviam sido presos. Quando Gandhi foi solto, em janeiro de 1931, o vice-rei negociou com ele um acordo que permitiu que ao menos os indianos do litoral fabricassem o próprio sal. Foi a primeira vez que o vice-rei, o representante do poder britânico, negociou com um indiano de igual para igual, um grande passo rumo à meta derradeira da independência. A estratégia de Gandhi baseou-se em princípios morais e nisso residiu sua força. A não-violência fora rigorosamente observada, o que eliminou a vantagem militar do governo e sustentou a vantagem moral da Índia. Gandhi também aproveitou uma das maiores vantagens competitivas da Índia: o número imenso de pessoas. Esse foi um dos grandes confrontos estratégicos da história e todas as vantagens estiveram com Gandhi.

Quando sua estratégia inclui um compromisso com princípios morais, desperta o respeito de seus oponentes — diminuindo, se não eliminando, a má vontade porventura existente. Dado que Gandhi insistiu na não-violência durante toda a luta pela independência, os britânicos não retaliaram com repressão em massa e, no final, deixaram a Índia sem grande amargura. Como resultado, ambas as nações se beneficiaram.

A incorporação de valores morais à estratégia motiva as pessoas em todos os níveis de todos os tipos de organização — empresarial, política ou acadêmica —, devido ao seu apelo ao que é básico em todos nós: o desejo de fazer o que sabemos que é certo. Como um líder, aplicar princípios morais à tomada de decisões também lhe permitirá apelar à consciência dos clientes, dos funcionários e dos acionistas. Os clientes têm mostrado uma preferência por empresas que sobrepõem padrões morais de conduta a produtos e serviços de qualidade. Além disso, os funcionários sentem-se orgulhosos por trabalharem em uma empresa com padrões morais elevados, o que é uma fonte de motivação individual e de maior produtividade. Conseqüentemente, muitas empresas estão agora prosperando devido às suas políticas ambientais, porque oferecem creches para as crianças ou porque contratam e promovem minorias habilitadas. A dimensão moral aumenta o valor competitivo e a empresa ou o programa político cuja estratégia reúna tanto a dimensão econômica como a moral desfrutará da vantagem.

Funcionários sentem-se orgulhosos por trabalharem em uma empresa com padrões morais elevados, o que é uma fonte de motivação individual e de maior produtividade.

Um compromisso com a verdade também proporciona a melhor defesa contra dois dos erros mais comuns na tomada de decisões estratégica: o julgamento precipitado e a

Se as empresas incluírem a dimensão moral em suas estratégias e criarem uma vantagem para si mesmas, outras terão que imitá-las e a sociedade como um todo se beneficiará.

identidade de grupo. O julgamento precipitado ocorre quando você adota a primeira solução à mão sem considerar todos os fatos. A identidade de grupo ocorre quando as pessoas não expõem suas convicções, basicamente por quererem concordar com a visão dominante. A melhor defesa contra esses erros é o exemplo do líder de compromisso com a verdade. Se você aguardar todos os fatos antes de proferir um julgamento e sempre declarar suas convicções, encorajará os demais a imitarem-no.

Existe ainda outra razão para mudarmos os critérios de tomada de decisões: os benefícios estendem-se a toda a sociedade. Quando as montadoras e as empresas de produtos eletrônicos japonesas aplicaram o conceito da qualidade total aos produtos para o mercado de massa, os clientes tornaram-se mais conscientes da qualidade e do valor — passaram a esperar mais e a exigir mais. As empresas norte-americanas foram forçadas a imitá-las e o resultado foi uma melhoria global da qualidade dos produtos e serviços. O mesmo se dá com os padrões morais. Se as empresas incluírem a dimensão moral em suas estratégias e criarem uma vantagem para si mesmas, outras terão que imitá-las e a sociedade como um todo se beneficiará.

Incluir e seguir critérios morais no desenvolvimento da estratégia não exige educação ou habilidades técnicas adicionais. Requer qualidades do espírito que todos compartilhamos independente de raça, sexo, credo ou origem. Permite a mais ampla participação, de modo que cada um de nós possa assumir a responsabilidade individual por trazer os padrões morais à tomada de decisões em todos os aspectos da sociedade.

Incluir e seguir critérios morais no desenvolvimento da estratégia não exige educação ou habilidades técnicas adicionais. Requer qualidades do espírito que todos compartilhamos independente de raça, sexo, credo ou origem.

ei-do, ou origem. Permite a mais ampla par-
ticipação, de modo que cada um de nós pos-
sa assumir a responsabilidade individual por
trazer os padrões morais à tonalidade de deci-
sões em todos os aspectos da sociedade.

15

Implemente as Decisões Dentro de Limites Morais

Se você não estiver comprometido com a adesão a valores absolutos na implementação, toda a tessitura de um padrão de liderança mais elevado se romperá.

Se você não estiver comprometido com a adesão a valores absolutos na implementação, toda a tessitura de um padrão de liderança mais elevado se romperá. É nesse último passo que a maioria dos líderes tropeça.

É fácil ser fiel aos princípios quando seguir seus valores o leva aos resultados desejados. O desafio ocorre quando as vendas estão aumentando mas falta integridade às técnicas de vendas, os lucros estão aumentando mas as regulamentações governamentais estão sendo contornadas no processo e a produtividade está aumentado mas alguns gerentes estão criando um clima de terror. Você está obtendo ganhos econômicos, mas através de meios imorais. É aí que seu compromisso com os valores absolutos é testado. Por outro lado, se você não estiver obtendo os resultados desejados, as pes-

Para se manter um padrão de liderança mais elevado durante a implementação, um compromisso com a avaliação das ações em relação a valores absolutos terá que permear toda a organização.

soas poderão propor-lhe idéias que transijam nos princípios morais para obter os resultados. Em alguns casos, as pessoas tomarão a iniciativa e darão os passos necessários à obtenção dos resultados. Você deverá rejeitar tais idéias e interromper essas ações.

Para se manter um padrão de liderança mais elevado durante a implementação, um compromisso com a avaliação das ações em relação a valores absolutos terá que permear toda a organização. Esse compromisso deve existir em três níveis: dos líderes, das equipes e dos indivíduos — com cada nível apoiando os demais.

Tomada de Posição pela Liderança

Em dezembro de 1920, o Congresso Nacional Indiano, a principal organização política da Índia, adotara a não-cooperação pacífica como política para minar o domínio britânico e levar o país à independência. Gandhi foi a força propulsora dessa política. Em novembro de 1921, durante a visita do príncipe de Gales (que se tornou Eduardo VIII), clamou-se por boicotes pacíficos às recepções oferecidas a ele. Entretanto, alguns dos participantes das boas-vindas ao príncipe foram vítimas de violência por indianos, fato que trouxe enorme tristeza a Gandhi. Ele se manifestou publicamente contra a violência e jejuou por cinco dias em penitência.

Um mês depois, o Congresso Nacional Indiano autorizou Gandhi a liderar um movimento maciço, nacional e não-violento de resistência. Em dois estados, os camponeses decidiram não pagar impostos como parte da resistência. Se essa atitude se espalhasse pelo país, o governo britânico logo seria incapaz de governar e o império ruiria. Parecia que os meios de alcançar a independência estavam à mão.

Infelizmente, mesmo assim registraram-se algumas irrupções de violência e, quando em 4 de fevereiro de 1922 um grupo de manifestantes matou 22 policiais em Chauri Chaura, Gandhi convenceu-se de que o povo não estava preparado para conduzir o movimento de resistência comprometido com a não-violência, de modo que cancelou o programa. Além de reverter um rumo potencialmente vitorioso, sofreu a oposição de quase todos os colegas, arriscando toda sua carreira política com essa decisão. A resistência maciça e não-violenta só foi retomada em 1930.

A independência era uma meta nobre, mas qualquer ação para alcançá-la tinha que passar no teste da verdade e da não-violência de Gandhi. Ele não sacrificaria princípios morais por ganhos políticos.

Gandhi era igualmente rigoroso nos assuntos que afetassem sua vida pessoal. Em maio de 1915, cinco meses após retornar da África do Sul para a Índia, Gandhi estabeleceu um *ashram* na periferia da cidade de

Sem o espírito de não-violência, você cria uma vulnerabilidade estratégica: além de equiparado exatamente aos seus oponentes, você não apelará ao que há de melhor nos outros.

> *Os membros de equipes devem ser avaliados pelo compromisso com princípios morais, de modo que possam trabalhar conjuntamente para trazer a dimensão moral às decisões e ações.*

Ahmedabad. Isso foi antes de tornar-se um líder político nacional, e ele ainda não desencadeara a campanha contra a intocabilidade. Vinte e cinco pessoas tentaram viver como uma família no *ashram*, sob a liderança espiritual de Gandhi. Por ainda não ser auto-suficiente, doações eram aceitas para pagar os serviços prestados a estudantes e hóspedes.

Quando o *ashram* tinha apenas poucos meses de existência, uma família de intocáveis pediu sua admissão e foi aceita. As pessoas externas à comunidade, sabendo que intocáveis viviam no *ashram*, cortaram o apoio financeiro. Outros membros do *ashram* foram vítimas de insultos ao pegar água no poço da comunidade, surgindo a ameaça de que aos membros do *ashram* seria negado o acesso a serviços como o comércio e transporte público. Alguns membros do *ashram*, inclusive a esposa de Gandhi, pensaram que viver com intocáveis fosse pecado e recusavam-se a privar de sua companhia. Gandhi manteve-se fiel aos seus princípios, mesmo quando pareceu que a esposa, que mais tarde adotaria sua posição, poderia deixar o *ashram*. Esgotados os recursos financeiros do *ashram*, Gandhi decidiu mudá-lo para o bairro dos intocáveis, na periferia da cidade, onde ele e os outros membros se sustentariam com o que pudessem auferir do trabalho manual. Mas antes que isso se tornasse necessário, um doador anônimo forneceu recursos para o *ashram* continuar. Não obstante, Gandhi mostrou que estava disposto aos sacrifícios necessários para manter-se fiel aos princípios morais.

Em todas as suas campanhas contra a exploração e a injustiça, Gandhi sempre procurou manter-se fiel ao compromisso com a verdade e a não-violência. Como resultado, conseguia sempre manter a força da persuasão moral a seu favor.

Quando os membros de uma equipe compartilham um compromisso com padrões morais, além de comprometerem-se com a estratégia da empresa, a equipe atinge seu nível máximo de alinhamento.

Muitos indivíduos podem estar dispostos a assumir uma posição e as causas pelas quais lutam — a paz, a proteção ambiental, a liberdade de expressão — podem ser nobres, mas manter o espírito de não-violência costuma ser difícil. Muitos manifestantes por causas nobres são indelicados, aviltam seus oponentes e muitas vezes estão cheios de raiva. As manifestações podem ser "pacíficas", mas não seguem a não-violência. Em termos práticos, sem o espírito de não-violência, você cria uma vulnerabilidade estratégica: além de equiparado exatamente aos seus oponentes, você não apelará ao que há de melhor nos outros e o número de pessoas cujo apoio poderá obter declinará. Na década de 1960, os estudantes e manifestantes que ocupavam os escritórios das faculdades, negando aos colegas o direito de buscar uma educação e desonrando os soldados que cumpriam o que viam como seu dever, alienaram muitas pessoas que, de outra forma, apoiariam sua causa. Além disso, seus oponentes muitas vezes valeram-se dessas imagens para desacreditar-lhes a

Muitos indivíduos podem estar dispostos a assumir uma posição e as causas pelas quais lutam — a paz, a proteção ambiental, a liberdade de expressão — podem ser nobres, mas manter o espírito de não-violência costuma ser difícil.

causa e dar prosseguimento exatamente às políticas a que os estudantes e manifestantes se opunham.

Trazendo a Dimensão Moral às Equipes

Equipes — grupos de pessoas trabalhando conjuntamente para alcançar objetivos específicos — são amplamente usadas nas empresas e no governo e se mostraram eficazes em uma ampla gama de situações. Os membros de equipes são geralmente selecionados pela habilidade técnica e gerencial e pela capacidade de trabalho conjunto, mas também devem ser avaliados pelo compromisso com princípios morais, de modo que possam trabalhar conjuntamente para trazer a dimensão moral às decisões e ações.

A equipe reunida por Gandhi para coletar dados dos aldeões em Champaran era tecnicamente habilitada — eram advogados e educadores —, mas também teve que comprometer-se em servir os aldeões. Gandhi podia confiar em que iriam às aldeias com espírito de servir e relatariam fielmente as informações coletadas. Para a marcha do sal de Dandi, a maior campanha de resistência não-violenta de Gandhi após o incidente de Chauri Chaura, Gandhi selecionou pessoalmente os participantes com base no compromisso com a não-violência.

Quando os membros de uma equipe compartilham um compromisso com padrões morais, além de comprometerem-se com a estratégia da empresa, a equipe atinge seu nível máximo de alinhamento. Os membros da equipe não têm que compartimentalizar suas vidas; o bom para a empresa não está em conflito com o bom para o espírito. Ser bons seres humanos não precisa ser separado de ser bons homens ou mulheres de negócios; eles podem dedicar-se de corpo e alma ao trabalho. Esse é o nível máximo de trabalho de equipe.

Empowerment com uma Dimensão Moral

Para trazer a dimensão moral a todos os níveis da organização, é necessário trazê-la às ações individuais. Um dos mais significativos conceitos gerenciais surgidos nos últimos anos foi o de dotar todos os indivíduos da organização de responsabilidade no nível da tomada de decisões. Esse conceito, conhecido como *empowerment*, tem dois aspectos essenciais: responsabilidade com autoridade para tomar decisões e cobrança dos resultados prometidos. Sabemos agora que o *empowerment*, combinado com as habilidades apropriadas, tem o potencial de mobilizar a eficiência e de criar sucesso.

Para trazer a dimensão moral a todos os níveis da organização, é necessário trazê-la às ações individuais.

Até agora, o *empowerment* tem se limitado às decisões empresariais. É hora de expandir sua eficácia e escopo, fazendo com que cada membro da organização sinta-se com autonomia para agir segundo os princípios morais adotados pela empresa e pa-

> *Tomar uma posição durante a implementação costuma ser difícil: a decisão já foi tomada e as coisas estão avançando, e então você pede que parem ou mudem de rumo.*

ra desafiar as decisões da empresa quando não se conformam a esses princípios. Existe uma analogia no movimento pela qualidade. Em algumas montadoras de automóveis, cada elemento na linha de produção tem responsabilidade e autoridade para interromper o processo caso detecte algum defeito no produto. Precisamos que todos os nossos funcionários sintam uma responsabilidade semelhante em relação aos princípios morais.

Tomar uma posição durante a implementação costuma ser difícil: a decisão já foi tomada e as coisas estão avançando, e então você pede que parem ou mudem de rumo. Você se arrisca a ser criticado e a não respeitar o prazo final. Entretanto, se você não pedir uma parada, as conseqüências poderão ser piores. Muitos de nós relembramos com freqüência tais situações e indagamos: "Por que ninguém disse nada?" Mas nós somos a pessoa que deveria ter dito ou feito algo. Temos a obrigação de chamar a atenção para a discriminação, a conduta antiética e a intimidação. Temos que fazê-lo não por ganhos pessoais, mas para melhorar o sistema. Do contrário, seremos participantes dessa conduta imoral.

No nível mais fundamental, toda conduta é individual. Assim, quando você traz a dimensão moral às ações individuais, traz integridade a todo o ambiente de trabalho. Portanto, os líderes devem dar o exemplo. Eles também devem reconhecer e apoiar os indivíduos dispostos a agir segundo princípios morais e a abraçar os valores absolutos da verdade e da não-violência e o código universal de conduta: tratar os outros como a nós mesmos.

No nível mais fundamental, toda conduta é individual. Assim, quando você traz a dimensão moral às ações individuais, traz integridade a todo o ambiente de trabalho.

Conclusão: Aceitando o Desafio

Cada um de nós está dando um exemplo para alguém e cada um de nós é responsável por moldar o futuro como gostaríamos que fosse.

Somos todos líderes. Cada um de nós está dando um exemplo para alguém e cada um de nós é responsável por moldar o futuro como gostaríamos que fosse. Mas precisamos de ideais que guiem nossa conduta, se quisermos fazer uma diferença positiva.

A verdade e a não-violência, o código universal de conduta (tratar os outros como a nós mesmos) e o valor de uma vida de serviço são tão válidos hoje como no tempo de Gandhi. Esses ideais e compromissos são globais em sua aplicação e universais em sua verdade. Eles não pertencem a nenhuma ideologia, raça ou cultura; pertencem a todos nós.

Para atingirmos um padrão de liderança mais elevado, não precisamos mudar drasticamente nossas vidas — muita coisa podemos fazer sem mudar o padrão de vida. Podemos ser verdadeiros ao lidar com os outros e conosco. Podemos comprometer-nos a não explorar os outros ou dissipar os recursos naturais. E podemos tentar tratar os outros como gostaríamos de ser tratados. Quando nós, como indivíduos, vivemos segundo esses princípios, fixamos padrões para nossos líderes imitarem. Quando os ocupantes de posições de liderança agem conforme esses princípios, dão um exemplo a todos que os seguem. Uma pessoa pode fazer diferença. *Você* pode fazer diferença. E você *fará* diferença ao seguir um padrão único de conduta, adotar um espírito de servir e agir dentro de um arcabouço moral.

Sua vida é sua mensagem. A liderança pelo exemplo não é apenas a mais dominante forma de liderança, mas também a mais duradoura.

Sua vida é sua mensagem. A liderança pelo exemplo não é apenas a mais dominante forma de liderança, mas também a mais duradoura. Além disso, como o mundo está se tornando mais interligado, os padrões de liderança exercem um impacto que se estende ao redor do mundo. Agora, como nunca antes, um padrão de liderança mais elevado servirá a todos nós.

Uma Breve História de Gandhi

Mohandas Karamchand Gandhi nasceu em 2 de outubro de 1869 em uma família abastada e casou-se segundo a tradição hinduísta aos treze anos com Kasturbai. Teve uma educação indiana tradicional, não revelou nenhum dom especial na escola e não se destacou em nada.

Em 1888, Gandhi partiu para a Inglaterra a fim de estudar Direito no Inner Temple, em Londres, formando-se como advogado em 1891. Na Inglaterra, associou-se à Sociedade Teosófica de Londres e à Sociedade Vegetariana de Londres. Aumentou seus conhecimentos de hinduísmo e familiarizou-se com o budismo e o cristianismo. Ao retornar à Índia, em 1891, tentou estabelecer-se como advogado, mas sem sucesso. Conseqüentemente, aceitou uma oferta de tornar-se consultor legal da Dada Abdullah & Company, vivendo e trabalhando os 21 anos seguintes (1893-1914) na África do Sul. Durante esse período, retornou à Índia apenas duas vezes.

Durante sua estada na África do Sul, Gandhi — através de um processo de introspecção e estudo — desenvolveu a maioria dos conceitos e princípios que governariam o resto de sua vida. Comprometeu-se com a não-violência e a busca da verdade, fez votos de pobreza voluntária e castidade e abraçou o conceito de serviço e a idéia de que todas as formas de trabalho são iguais. Além disso, desenvolveu e testou o conceito de *satyagraha* (força da verdade ou resistência passiva) na esfera política.

Gandhi trabalhou em prol dos indianos residentes na África do Sul, sujeitos à discriminação e à legislação antiasiática, inclusive uma lei exigindo que os indianos portassem constantemente a certidão de registro, outra que só reconhecia casamentos celebrados dentro dos ritos cristãos e um imposto sobre imigrantes anual proibitivo para a maioria dos trabalhadores indianos. Gandhi — esperando encher as prisões sul-africanas e, assim, expor a imoralidade das leis antiindianas, convocou os compatriotas indianos a aderir a ele na resistência não-violenta. Entre janeiro de 1908 e maio de 1909, Gandhi foi detido e condenado à prisão três vezes e, entre 6 de novembro e 18 de dezembro de 1913, foi detido e libertado outras três vezes. Em 22 de janeiro de 1914, Gandhi negociou um acordo com o general Jan Christiaan Smuts, ministro do Interior, que validou todos os casamentos indianos e aboliu o imposto sobre imigrantes.

Gandhi deixou a África do Sul e chegou à Índia em janeiro de 1915, aos 45 anos. Nos 33 anos seguintes, trabalhou pela independência indiana do domínio britânico, pela abolição da intocabilidade, pela revitalização das indústrias nas aldeias — especialmente a fiação — como meio de aliviar a pobreza, pela maior auto-estima entre os pobres, pela promoção da educação e pela harmonia comunal entre os seguidores das diferentes religiões, sobretudo hinduístas e muçulmanos. Gandhi fundou suas próprias organizações para erradicar a intocabilidade e para promover as indústrias nas aldeias. Editou, em diferentes épocas, três semanários: *Navajivan*, *Young India* e *Harijan*, através dos quais expressou seus pontos de vista.

Durante a luta pela independência, Gandhi foi detido e mandado à prisão cinco vezes — a última, em agosto de 1942, aos 73 anos. Nunca passou mais de dois anos seguidos na prisão, sendo muitas vezes solto devido à saúde precária. Sua esposa, Kasturbai, morreu quando estava na prisão com Gandhi em 1944.

Gandhi viajou extensamente pela Índia de trem e a pé — muitas vezes, durante meses — e conhecia as condições de vida dos pobres melhor do que qualquer outro político. Visitou também os países vizinhos do Ceilão (Sri Lanka) e Birmânia. Viajou à Inglaterra em 1931 como representante da Índia na Round Table Conference, onde encontrou-se com líderes britânicos a fim de explicar as razões para a independência da Índia. Visitou a Europa no trajeto de volta e nunca mais deixou a Índia.

Gandhi recebia visitantes de todo o mundo e correspondia-se com indivíduos das mais diferentes posições. Completou a autobiografia, *The story of my experiments with truth*, em 1929, que abrange sua vida até 1920. Jamais sentiu necessidade de estender a autobiografia, pois sua vida não tinha segredos e seus pensamentos foram todos expostos ao público através de seus discursos e textos. Sua correspondência, seus artigos e outros textos compreendem mais de noventa volumes.

Em 1946, com a aproximação da independência, a harmonia entre hinduístas e muçulmanos, pela qual tanto lutara por toda a vida, desvaneceu-se e a violência irrompeu. Gandhi trabalhou incessantemente pela paz, caminhando entre o povo nas áreas afligidas e pregando o evangelho da não-violência, do perdão e do arrependimento. Quando a Índia alcançou a independência, em agosto de 1947, Gandhi não participou da celebração. Em vez disso, prosseguiu os esforços para acabar com a violência nas cidades e aldeias de Bengala e Bihar.

Gandhi foi para Nova Delhi, a capital, no final de 1947 e, em 13 de janeiro de 1948, iniciou um jejum pela harmonia comunal. O jejum terminou em 18 de janeiro, quando as matanças e a violência declinaram.

Os apelos de Gandhi pela harmonia desagradaram a certos elementos hinduístas radicais e, em 30 de janeiro de 1948, a caminho da reunião para a prece matutina, Gandhi foi baleado à queima-roupa. Morreu como vivera: a serviço de seu povo e com o nome de Deus nos lábios.

Bibliografia

Mais livros foram escritos sobre Gandhi do que sobre qualquer outra pessoa, exceto os fundadores das grandes religiões do mundo. Forneço aqui uma pequena lista que representa minhas preferências pessoais.

Para um panorama biográfico, sugiro:

Fisher, Louis, *The life of Mahatma Gandhi*. Nova York: Harper & Brothers, 1950.

Shirer, William Laurence, *Gandhi: A memoir*. Nova York: Simon & Schuster, 1979. [Ed. bras.: *Gandhi, uma lembrança inesquecível*. Rio de Janeiro: Record, 1984.]

Easwaran, Eknath, *Gandhi the man*. Petaluma: Nilgiri Press, 1978.

Para uma biografia mais detalhada, recomendo:

Tendulkar, D. G., *Mahatma*. Oito volumes. Nova edição. Nova Delhi: Publications Division of the Government of India, 1961.

Pyarelal, *Mahatma Gandhi: The last phase*. Ahmedabad: Navajivan; Volume I, 1956, Volume II, 1958.

Pyarelal, *Mahatma Gandhi: The early phase*. Ahmedabad: Navajivan, 1965.

Para uma visão do desenvolvimento pessoal de Gandhi, sua autobiografia é uma leitura obrigatória, embora se encerre em 1921:

Gandhi, M. K., *The story of my experiments with truth: An autobiography* (trad. inglesa de Mahadev Desai). Boston: Beacon Press, 1957.

Para a compreensão da filosofia de Gandhi e de seu pensamento moral e político, existem as magistrais e elegantes exposições de Raghavan Iyer:

Iyer, Raghavan N., *The moral and political thought of Mahatma Gandhi*. Segunda edição. Santa Barbara: Concord Grove Press, 1983.

Iyer, Raghavan N. (org.), *The moral and political writings of Mahatma Gandhi*. Oxford: Clarendon Press, Volumes I, II, 1986, Volume III, 1987.

Para uma perspectiva de historiador, as seguintes obras de Judith Brown são abrangentes:

Brown, Judith M., *Gandhi's rise to power: Indian politics 1915-1922*. Cambridge: Cambridge University Press, 1972.

Brown, Judith M., *Gandhi and civil disobedience: The Mahatma in Indian politics 1928-1934*. Cambridge: Cambridge University Press, 1972.

Brown, Judith M., *Gandhi: Prisoner of hope*. New Haven: Yale University Press, 1989.

É difícil, se não impossível, avaliar Gandhi sem uma mínima compreensão do hinduísmo. Os seguintes textos breves fornecem ao leitor uma visão concisa, mas razoavelmente abrangente:

Zaehner, R. C., *Hinduism*. Oxford: Oxford University Press, 1962.

Radhakrishnan, Sarvepalli, *The Hindu view of life*. Londres: Mandala Books, 1927; Unwin Paperbacks, 1980.

O *Bhagavad Gita* e os principais *Upanichades* exerceram uma profunda influência sobre Gandhi. As traduções inglesas comentadas sugeridas a seguir possuem extensas introduções e situam os textos em um contexto ocidental:

Radhakrishnan, Sarvepalli, *The Bhagavadgita*. Londres: George Allen & Unwin Ltd., 1948. Primeira reedição indiana: George Allen & Unwin (India) Private Ltd., 1971. Sexta reedição indiana: Blackie & Son Publishers Private Ltd., 1979.

Radhakrishnan, Sarvepalli, *The principal Upanisads*. Londres: George Allen & Unwin Ltd., 1953. Nova York: Humanities Press Inc., 1978. (Gandhi foi particularmente influenciado pelo Isa Upanichade, verso 1, p. 567.)

Uma excelente fonte de livros adicionais sobre hinduísmo é a Vedanta Society of Southern California, 1946 Vedanta Place, Hollywood, CA 90068.

Notas

1. Nehru, Jawaharlal. *An autobiography*. Londres: The Bodley Head Ltd., 1989, p. 129.
2. Gandhi, M. K., entrevista por Denton J. Brooks *in The Hindu*, 15 de junho de 1947. *In* Iyer, R. N. (org.), *The moral and political writings of Mahatma Gandhi*. Oxford: Clarendon Press, 1986, vol. I, pp. 37-38.
3. Gandhi, M. K., conversa com um missionário cristão *in Harijan*, 22 de setembro de 1946. *In* Iyer, R. N. (org.), *The moral and political writings of Mahatma Gandhi*. Oxford: Clarendon Press, 1986, vol. I, p. 395.
4. Gandhi, M. K., carta a Narandas Gandhi, 1930. *In* Iyer, R. N. (org.), *The moral and political writings of Mahatma Gandhi*. Oxford: Clarendon Press, 1986, vol. II, p. 163.
5. Gandhi, M. K., carta a William Q. Lash, janeiro de 1945. *In* Iyer, R. N. (org.), *The moral and political writings of Mahatma Gandhi*. Oxford: Clarendon Press, 1986, vol. II, p. 341.
6. Gandhi, M. K., *Young India*, 4 de abril de 1929. *In* Iyer, R. N. (org.), *The moral and political writings of Mahatma Gandhi*. Oxford: Clarendon Press, 1986, vol. I, p. 59.
7. Gandhi, M. K., *The story of my experiments with truth: An autobiography*. Boston: Beacon Press, 1957, p. 299.
8. Pyarelal, *Mahatma Gandhi: The last phase*. Ahmedabad: Navajivan, 1956, vol. I, p. 347.

9. Gandhi, M. K., *The story of my experiments with truth: An autobiography*. Boston: Beacon Press, 1957, p. 385.
10. Gandhi, M. K., "Under Conscience's Cover", *in Young India*, 21 de agosto de 1924. *In* Iyer, R. N. (org.), *The moral and political writings of Mahatma Gandhi*. Oxford: Clarendon Press, 1986, vol. II, p. 125.
11. Gandhi, M. K., discurso na igreja Guildhouse *in The Guildhouse*, setembro de 1931. *In* Iyer, R. N. (org.), *The moral and political writings of Mahatma Gandhi*. Oxford: Clarendon Press, 1986, vol. I, p. 382.
12. Gandhi, M. K., carta para Amanda Babu Chowdhary *in Glimpses of Gandhi's life*, pp. 74-75. *In* Iyer, R. N. (org.), *The moral and political writings of Mahatma Gandhi*. Oxford: Clarendon Press, 1986, vol. II, p. 438.
13. Gandhi, M. K., *The story of my experiments with truth: An autobiography*. Boston: Beacon Press, 1957, p. 503.
14. *Ibid*.
15. *Ibid*., p. 112.
16. *Ibid*., p. 114. .
17. Tendulkar, D. G., *Mahatma*. Nova Delhi: Publication Division of the Government of India, 1961, vol. II, p. 97.
18. Gandhi, M. K., carta para K. Santanam, 1926. *In* Iyer, R. N. (org.), *The moral and political writings of Mahatma Gandhi*. Oxford: Clarendon Press, 1986, volume II, pp. 37-38.
19. Tendulkar, D. G., *Mahatma*. Nova Delhi: Publication Division of the Government of India, 1961, vol. I, p. 182.
20. *Ibid*.
21. Gandhi, M. K., telegrama para H. G. Wells *in The Hindustan Times*, 16 de abril de 1940. *In* Iyer, R. N. (org.), *The moral and political writings of Mahatma Gandhi*. Oxford: Clarendon Press, 1986, volume III, p. 492.
22. Tendulkar, D. G., *Mahatma*. Nova Delhi: Publication Division of the Government of India, 1961, vol. III, p. 123.
23. Gandhi, M. K., carta para Amrit Kau, 1947. *In* Iyer, R. N. (org.), *The moral and political writings of Mahatma Gandhi*. Oxford: Clarendon Press, 1986, volume III, p. 544.

24. Gandhi, M. K., *The story of my experiments with truth: An autobiography*. Boston: Beacon Press, 1957, p. 202.
25. Tendulkar, D. G., *Mahatma*. Nova Delhi: Publication Division of the Government of India, 1961, vol. IV, p. 72.
26. Pyarelal, *Mahatma Gandhi: The last phase*. Ahmedabad: Navijivan, 1956, volume I, p. 410.
27. Tagore, R. N. *In* Tendulkar, D. G., *Mahatma*. Nova Delhi: Publication Division of the Government of India, 1961.
28. Tendulkar, D. G., *Mahatma*. Nova Delhi: Publication Division of the Government of India, 1961, vol. VIII, fotografia defronte à 89.
29. Gandhi, M. K., "Necessity of Drawing Up a Balance Sheet", 1932. *In* Iyer, R. N. (org.), *The moral and political writings of Mahatma Gandhi*. Oxford: Clarendon Press, 1986, volume I, p. 629.

24. Gandhi, M. K., *The story of my experiments with truth: An autobiography*. Boston: Beacon Press, 1957, p. 202.
25. Tendulkar, D. G., *Mahatma*. Nova Delhi: Publication Division of the Government of India, 1961, vol. IV, p. 92.
26. Pyarelal, *Mahatma Gandhi: The last phase*. Ahmedabad: Navajivan, 1956, volume I, p. 410.
27. Tagore, R. N. *In* Tendulkar, D. G., *Mahatma*. Nova Delhi: Publication Division of the Government of India, 1961.
28. Tendulkar, D. G., *Mahatma*. Nova Delhi: Publication Division of the Government of India, 1961, vol. VIII, fotografia defronte à p. 82.
29. Gandhi, M. K., "Necessity of Drawing Up a Balance Sheet", 1932. *In* Iyer, R. N. (org.), *The moral and political writings of Mahatma Gandhi*. Oxford: Clarendon Press, 1986, volume I, p. 62.

O Autor

Keshavan Nair tem mais de trinta anos de experiência em serviços de consultoria a empresas privadas e órgãos governamentais nos Estados Unidos e em outros países. Antes de 1983, foi vice-presidente executivo e diretor da Woodward-Clyde Consultants, uma grande empresa multidisciplinar de consultoria. A partir de 1983, desenvolveu sua própria prática de consultoria gerencial bem-sucedida, que focaliza o desenvolvimento da liderança e a avaliação e melhoria do processo e da qualidade da tomada de decisões estratégica. Nair nasceu na Índia e tem formação tanto nas tradições orientais quanto nas ocidentais, possibilitando-lhe examinar os desafios da liderança com base em diferentes tradições filosóficas e culturais. Seus clientes incluem tanto pequenas empresas emergentes como corporações da lista das cem mais bem-sucedidas da revista *Fortune*.

Keshavan Nair tem sido muito entrevistado pelo rádio, pela televisão e pela imprensa escrita dos Estados Unidos quanto às suas visões sobre a liderança. Também publicou inúmeros artigos em revistas técnicas e de práticas gerenciais, sendo autor de *Beyond winning, the handbook for the leadership revolution*.

Concluiu o mestrado e o Ph.D. em engenharia na Ohio State University, na qual foi eleito um Distinguished Alumnus. Também graduou-se no Advanced Management Program da Harvard Business School. Tem escritórios em Phoenix, Arizona e San Francisco, Califórnia.

Índice

executados, a partir de filmes fornecidos,
nas oficinas gráficas da EDITORA SANTUÁRIO
Fone: (12) 565-2140 - fax: (12) 565-2141
http://www.redemptor.com.br - Aparecida - SP